地方議会の
ホントとホンネ

上島 義盛／牧瀬 稔 著

東京法令出版

はしがき

マックス・ウェーバーの『職業としての政治』の中に「政治とは、硬い板に力強くゆっくりと穴をあけていく作業です。情熱と目測能力を同時に持ちながら掘るのです。」という有名なくだりがあります。現職から離れて地方政治を振り返ると、この言葉は言い得て妙であるとあらためて思います。

自身の議員生活24年間においても、議会のあり方は変化してきました。その小さな変化の連続は、時代の流れによるものだけでなく、無名の偉大な地方議員たち（私の所属した議会にもそういう議員がいました）が地道に穴を掘り続けた結果でもあります。

最初は誰にも注目されなかった小さな穴でも、着実に広げていくことで、やがて大きなダムを崩壊させるほどの力を持つようになります。このような作用は民主主義の醍醐味でもあります。

地方議会の変化は、社会に大きなインパクトを与えないように思われがちですが、実は地域コミュニケーションにじわじわと影響し、やがて社会や文化に変化をもたらすものであり、政治の視点としてもっと重要視されるべきだと強く思います。

地方議会の持つ無限の力を感じる立場から、本書は、地方議会と地方議員について理解を深めることを目的としており、第１部では自身の経験から、議会の外側からは見えづらい議員を取り巻く仕組みや実態を60の質問に答える形で記しました。より本音として伝わるよう、時

には情緒的に、また場合によっては理想とはかけ離れた現実をあえて肯定的に表現し、読者の皆様に考えていただくよう工夫しました。第2部は、牧瀬稔先生が、これまで多くの地方自治体や地方議会を研究してこられた専門家として、未来の政治に向けて情熱を持って掘り続けるために必要な論点を11項用意しています。

将来、よりよい社会を作るために、名もなき偉大な地方議員によって、各議会で穴が掘られ地方政治が大きく花開くこと、そして本書の内容がかつての地方議会の肖像として記憶されることを期待しています。

2025年3月

上島　義盛

目　次

第1部　地方議会の実情
～保守系元議員がホンネで伝えるＱ＆Ａ～

Ⅰ　地方議会のあらまし
  1　議会の流れ　～定例議会と臨時議会／通年議会～
   Ｑ１　議会はどのように始まるのですか？ …………………………… 2
   Ｑ２　４年間の議会はどのように進められますか？ ………………… 3
   Ｑ３　議長はどのように選ばれますか？ ……………………………… 7
   Ｑ４　通年議会とは何ですか？ ………………………………………… 9
   Ｑ５　予算が通らなかったらどうなりますか？ ……………………… 13
  2　議員の役割　～議員の存在価値と権限～
   Ｑ６　地方議員は必要ですか？ ………………………………………… 16
   Ｑ７　議員に頼むとすぐに実現しますか？ …………………………… 19
   Ｑ８　地方議会にも与党と野党は存在しますか？ …………………… 21
   Ｑ９　いずれＡＩが議会にとって代わるのですか？ ………………… 22
  3　議会内会派　～会派の位置づけ、代表者会／幹事長会、議員協議会～
   Ｑ10　会派は必要ですか？ ……………………………………………… 24
   Ｑ11　会派＝党派でないのですか？ …………………………………… 26
   Ｑ12　会派内は仲が良いのですか？ …………………………………… 27
   Ｑ13　会派間の調整は代表（幹事長）が行うのですか？ …………… 27
  4　議員の実態　～待遇、族議員、質の変化～
   Ｑ14　地方議員はどれくらい収入があるのですか？ ………………… 28
   Ｑ15　報酬とは何ですか？ ……………………………………………… 30
   Ｑ16　兼職や兼業は可能ですか？ ……………………………………… 31
   Ｑ17　常に公務最優先ですか？ ………………………………………… 35
   Ｑ18　いわゆる族議員は地方議会にもいますか？ …………………… 36

Ⅱ 議員の日常

1 議員の日常（本会議）〜本会議と議会運営委員会〜
- Q19 質問順序や質問時間はどう決めるのですか？……………37
- Q20 議員の賛否は事前に決まっているのですか？……………38
- Q21 ヤジは禁止できないのですか？……………………………39
- Q22 議会中の居眠りはやめさせられないのですか？…………41
- Q23 とんでもない議員をクビにすることはできますか？……42
- Q24 懲罰はどのように行われますか？…………………………44
- Q25 懲罰に対抗はできますか？…………………………………46

2 議員の日常（審議と委員会）〜常任委員会と特別委員会〜
- Q26 委員長はどのように決まるのですか？……………………47
- Q27 1分で終わる委員会があるって本当ですか？……………48
- Q28 なぜ、議員同士で議論しないのですか？…………………48
- Q29 請願・陳情のより良い提出方法はありますか？…………50

3 議員の日常（調査活動）〜調査活動（議会内、議会外）〜
- Q30 地方議員の調査活動はどのようなものがありますか？……52
- Q31 調査活動にはどれくらいコストがかかりますか？………53
- Q32 政務活動費はありがたいですか？…………………………54
- Q33 視察は必要ですか？…………………………………………55

4 議員の日常（広報活動）〜目的と使用規定〜
- Q34 議員の広報活動にはどのようなものがありますか？……56
- Q35 議会広報があるのに議員広報も必要ですか？……………57
- Q36 ホームページすら持っていない議員がなぜ当選できるのですか？……………………………………………………59
- Q37 広報活動と称して選挙活動をしているのではないですか？……60

5 議員の日常（政党活動、地域活動）〜政党所属、無所属、地域活動〜
- Q38 地方議員は国会議員の部下ではないのですか？…………61
- Q39 政党所属の議員は無所属議員より楽ですか？……………62

Q40　政党によって活動の違いはありますか？……………………63
　　　Q41　地域活動は選挙目的ですか？…………………………………64
Ⅲ　議員と取り巻く人間関係
　1　役所との関係
　　　Q42　自治体職員は議員の言いなりですか？……………………65
　　　Q43　議員が自治体職員に育てられるという面はありますか？……66
　　　Q44　議会事務局は議員の味方ですか？……………………………66
　　　Q45　行政にとって良い議員、議員にとって良い自治体職員とは？………………………………………………………………68
　　　Q46　議員によるパワハラはありますか？…………………………69
　2　議員間の関係
　　　Q47　議長は議会の最高権力者ですか？……………………………70
　　　Q48　違う政党の議員とは仲が悪いですか？………………………71
　　　Q49　議員の中に序列はありますか？………………………………72
　　　Q50　議員連盟とはどのような組織ですか？………………………73
　3　議員と有権者との関係
　　　Q51　支持者との連携はどうなっていますか？……………………74
　　　Q52　地域行事や冠婚葬祭の対応は大変ですか？…………………75
　　　Q53　「票ハラ」とは何ですか？……………………………………76
Ⅳ　地方議会選挙
　1　議会と選挙
　　　Q54　議員には誰でも立候補できますか？…………………………78
　　　Q55　当選しても無効になる人や辞職となる人は？………………80
　　　Q56　地方議員の選挙で有利なのは政党所属ですか？　無所属ですか？………………………………………………………………82
　　　Q57　地方議員の選挙で有利なのはベテランですか？　新人ですか？………………………………………………………………83
　　　Q58　選挙はマーケティング活動ですか？…………………………84

番外編　地方議会に関する都市伝説
　　Q59　23区の区議会議員のバッヂはなぜ立派なのですか？…………85
　　Q60　議員はなぜ先生と呼ばれるのですか？………………………………86

第2部　地方議会のミライ
～政策アドバイザーが伝えるホントの議会改革～

Ⅰ　改めて地方議員の存在意義を問う………………………………………90
Ⅱ　明確な定義が見当たらない「議会改革」………………………………95
Ⅲ　議会報告会の目的を問い直す……………………………………………99
Ⅳ　議員定数の削減の前にすること………………………………………104
Ⅴ　政務活動費における不祥事をどうするか？…………………………108
Ⅵ　議会の行政監視機能をどうするか？…………………………………113
Ⅶ　議会の評価は誰がするのか①…………………………………………117
Ⅷ　議会の評価は誰がするのか②…………………………………………121
Ⅸ　議会視察の法的根拠とその効用………………………………………125
Ⅹ　議員のなり手不足をどうするか？……………………………………129
Ⅺ　地方議会への女性参加を考える………………………………………135

第1部

地方議会の実情

～保守系元議員がホンネで伝えるQ＆A～

Ⅰ 地方議会のあらまし

1 議会の流れ 〜定例議会と臨時議会／通年議会〜

Q1 議会はどのように始まるのですか？

A ご承知のとおり、4年に一度選挙が行われ、その都度、新しい構成メンバーで新たな4年間の議会がスタートします。さて、初めの議会はどう作られるのでしょうか？

まず、選挙の直後には新しい議会は構成されていません。選挙後も、前の選挙で当選した議員の任期が続いているからです。そこで、当選した議員が集まり、議員全員協議会（以下「全員協議会」）を開き、ここで議会の体制づくりをしていくことになります。議会において、議員はお客様ではなく主体そのものだからです。実際は、議会事務局の支援は不可欠ですが、どの議会でも前期に議員をやっていた人たちがその多くを占めますので、議会を新たに設置していく流れは自然とできていきます。

ここで、仮に全議員が初当選の議員だとすると（たぶんそのような事例はないと思いますが）、大変なことです。なぜならば、議員はそれぞれが選ばれ、その順列は問われないので、特に最初の段階は、横並びに議員がいる状態だからです。基本事項を決め、議会を立ち上げる最初の段階なので、これまでの状況を全く承知していない議員の全員の了解を得て前に進めていくことは、時間も労力もかかります。会派もなく、段階を踏まずすべての議員同士が相談し合い、合意を得ていくことは、100％無理とは言いませんが、かなり困難なはずです。

そこで現実的には、前議会の踏襲（仮に変更点があれば前議会の決定事項を乗せて）と、各派の代表者の了解をあらためて得て、それを基に全員協議会で決定していくという手順を取ります。そして、この全員協議会を

進める主体はあくまで議員なので、先例に従い、随時議長（座長。議員の中の最年長議員）を選出し、その仕切り役の下、用意してきた議会の基本事項について項目ごとに確認、了承を取りつけ、臨時議会の開催の土台作りをします。

　ここで決める基本事項の内容は基礎的かつ常識的な決め事がほとんどで、議会の有り様を左右するような内容は乏しく（全くないわけではないが）、全員協議会で深く議論することは難しいです。ちなみに、私の所属していた議会では、全員協議会で決定した事項に基づく運営をする場合には、議会運営委員会（交渉会派を中心としたメンバーにより構成）の設置以降に、あらためて協議することとしていました。

Q2　4年間の議会はどのように進められますか？

A　議会は4年間が1つのサイクルとして重要になります。また、基本的な流れとして、1年ごとに4回の定例会（例外の自治体もあり）が開催されます。各自治体議会が、それぞれの決め事で進めていますので、細かな違いがあると思いますが、改選後1年目の流れを、私が所属していた議会を例に紹介します。

① 全員協議会を開催（5月最初の平日）
② 会派の届け出
③ 会派間において、水面下で、議長ほか議会役職の人事の相談・駆け引き・根回し
　※臨時議会では主に議会内の主要な人事を決定するので、その人事を巡り、臨時会に向けて各派間で調整が行われます。
④ 各派代表者（各派幹事長）会議にて議会人事を協議
　※臨時会に提案される人事案については、事前に各派代表者会（各派幹事長会）で各派の割り振りまで決定されます。
⑤ 臨時議会を開催し、議長、副議長、監査委員、農業委員、常任委員

Ⅰ　地方議会のあらまし

　　会及び特別委員会の委員及びその委員長や副委員長、議場における議席などを決定、臨時議会閉会（5月中旬）
⑥　各委員会の開催：閉会中の継続審査等（5〜6月）
　　常任委員会及び特別委員会を開催：第二回定例会提出予定案件の報告、事務事業の進捗状況の報告、住民から提出された陳情や請願の審査等を行う
⑦　議会運営委員会を開催し、第二回定例会の進行を決定
　※定例会は2月から行われる定例会が第一回で、第二回は6月ごろに行われます。そのため、改選後の初定例会は第二回となります。
⑧　第二回定例会の開催（6月中旬）
　　本会議（前半）：開会、代表質問（交渉会派の代表が会派を代表して質問）、一般質問（一議員として質問）、議案の上程（執行機関から出される議案を正式に議題とする手続き）、議案の委員会付託（上程された議案のうち、より詳細な審査をするため所管委員会へ振り分ける手続き）、その他執行機関の人事案件など委員会での審査になじまない議案の審議と採決

▶本会議を一旦休会
　　委員会：各委員会に付託された議案の審議と採決

▶本会議を再開
　　本会議（後半）：各委員会で審査された議案の報告と採決、その他執行機関の人事案件や議員提出議案など委員会での審査になじまない議案の審議と採決、閉会中の継続審査の決定、閉会
⑨　各委員会の開催：閉会中の継続審査等（7〜9月）
　　常任委員会及び特別委員会を開催：第三回提出予定案件の報告、事務事業の進捗状況の報告、住民から提出された陳情や請願の審査等を行う
⑩　議会運営委員会を開催し、第三回定例会の進行を決定
⑪　第三回定例会の開催（9〜10月）
　　本会議（前半）：開会、代表質問、一般質問、議案の上程、議案の委

員会付託、その他執行機関の人事案件など審査になじまない議案の審議と採決

　▶本会議を一旦休会

　　委員会：各委員会に付託された議案審査と採決

　▶本会議を再開

　　本会議（中間）：各委員会で審査された結果と採決、その他執行機関の人事案件など委員会での審査になじまない議案の審議と採決、決算特別委員会の設置

　▶本会議を一旦休会

　　決算特別委員会：前年度の決算の審議

　▶本会議を再開

　　本会議（後半）：決算特別委員会で審議された結果の報告と採決、その他執行機関の人事案件や議員提出議案など委員会での審査になじまない議案の審議と採決、閉会中の継続審査の決定、閉会

⑫　各委員会開催：閉会中の継続審査等（10～11月）

⑬　常任委員会及び特別委員会を開催：第四回定例会提出予定案件の報告、事務事業の進捗状況の報告、住民から提出された陳情や請願の審査等

⑭　議会運営委員会を開催し、第四回定例会の進行を決定

⑮　第四回定例会の開催（11～12月）

　　本会議（前半）：開会、代表質問、一般質問、議案の上程、議案の委員会付託、その他執行機関の人事案件や議員提出議案など委員会での審査になじまない議案の審議と採決

　▶本会議を一旦休会

　　委員会：各委員会に付託された議案の審査と採決

　▶本会議を再開

　　本会議（後半）：各委員会で審議された結果の報告と採決、その他執行機関の人事案件や議員提出議案など委員会での審査になじまない議案の審議と採決、閉会中の継続審査の決定、閉会

Ⅰ 地方議会のあらまし

⑯ 各委員会開催：閉会中の継続審査等（1～2月）
　常任委員会及び特別委員会：住民から提出された陳情や請願の審査、第一回定例会提出予定案件の報告、事務事業の進捗状況の報告等
⑰ 各会派への予算案概要の説明（全員協議会で一度に行う議会もあり）
⑱ 議会運営委員会を開催し、第一回定例会の進行を決定
⑲ 第一回定例会の開催（2～3月）
　本会議（前半）：開会、代表質問、一般質問、議案の上程、議案の委員会付託、その他執行機関の人事案件や議員提出議案など委員会での審査になじまない議案の審議と採決
▶本会議を一旦休会
　委員会：各委員会に付託された議案の審査と採決
▶本会議を再開
　本会議（中間）：各委員会で審査された結果と採決、その他執行機関の人事案件など委員会での審査になじまない議案の審議と採決、予算特別委員会の設置
▶本会議を一旦休会
　予算特別委員会：次年度の予算の審査と採決
▶本会議を再開
　本会議（後半）：予算特別委員会で審査された結果の報告と採決、その他執行機関の人事案件や議員提出議案など委員会での審査になじまない議案の審議と採決、その他閉会中の継続審査の決定、閉会

　このように最初の1年は過ぎていき、2年目も初めの議会の設置を抜いた形で、同じように進められているところが、ほとんどであると思います。
　一方で4年というサイクルをみれば、議会の進行そのものは変わりませんが、選挙前には選挙を意識した活動、選挙の後では選挙の影響を受けた活動という特殊な状況が加わり、議員はもとより議会そのものの様子も内側からみれば変わってきます。

I　地方議会のあらまし

Q3　議長はどのように選ばれますか？

A　議長と副議長（以下「正副議長」）は議員同士で選びます。ただ、正副議長選挙はいわゆる公職選挙法の適用外となり、立候補の規定は定められておらず、それぞれの議会の会議規則に定められた方法で選出します。主な選出方法は、事前に議員同士（会派間）で調整した上で指名推薦を行うというものです。

そのほかには、事前に調整を行った上で形式として選挙を行う方法や、正副議長候補者が所信表明をして選挙を行うという方法があり、近年この「所信表明の実施」が増えてきました（図表1－1）。これは議会改革の一環で、不透明な人事を少しでもオープンなものにするという狙いによります。確かに議長の所信表明は議会運営に視点が置かれたもので、当選した場合は実現に向けて事務局も頑張らなければならないというプレッシャーになり、よりスピーディーな対応が期待できます。

図表1－1　議長選出時における議長就任希望者の所信表明等の機会導入状況
令和5年度1月1日～12月31日

人口段階別	導入している	導入していない
5万人未満　300	175（58.3%）	125（41.7%）
5～10万人未満　235	130（55.3%）	105（44.7%）
10～20万人未満　148	71（48.0%）	77（52.0%）
20～30万人未満　48	16（33.3%）	32（66.7%）
30～40万人未満　30	8（26.7%）	22（73.3%）
40～50万人未満　19	4（21.1%）	15（78.9%）
50万人以上　15	4（26.7%）	11（73.3%）
指定都市　20	7（35.0%）	13（65.0%）
全市　815	415（50.9%）	400（49.1%）

出典：全国市議会議長会　令和6年7月「令和6年度 市議会の活動に関する実態調査結果」

一方で、早期に導入した市議会では「形骸化しているので廃止または変更を」「立候補者以外の者が選出された場合のリスクを考えるべき」という

I　地方議会のあらまし

声が多いことから、この方法も一定の工夫を設けるべきでしょう。また、議長立候補者の所信表明は、あくまで議会運営に論点が置かれるはずですが、議長が変わるたびにその方針によって議会運営が変化することはあまり好ましいとはいえず、議会改革の大きな節目にある場合でなければ、議長には「公平中立」の姿勢が求められるので、所信表明の内容に大きく差が出ないことも懸念されるところです。また、当初の目的である選出の透明性の観点からは、所信表明の多くが休憩時間に行われていることから記録は残っておらず、結局は「密室での決定」と言われてもおかしくない環境にもあることを今一度考えるべきでしょう。

　もう一度、議長の役割に視点を持っていけば、「公平中立」であることが最も重要で、かつ議会のルールを熟知し、過去の事例なども理解していること、同僚議員との人間関係が構築されていることが、円滑な議会運営を進める議長にとって重要な素養となります。議長はあくまで議会の仕切り役という位置づけであって、最も素晴らしい人材をという考え方はないので、これまでのような密室での事前調整で十分であったと思います。

　今後の議長選出のあり方については、やはり議会のあり方をしっかり考えた上で、その中で議長のあるべき姿を明確にして、どういう選出方法が適切かを見定めることが必要かと思います。具体的には、住民の議会への信頼を高める必要があると議会全体で認識した場合は、執行機関と対峙する力と意志を持たなくてはなりません。その際に議長に求められる資質には、まとめる力、リーダーシップ、場合によっては事務局とも対等に議論できる法的知識があることも加わります。その場合は、これまでの持ち回り的な人事では通用しないのはいうまでもありません。

　余談ですが、議長の任期には大きく3つのパターンがあります。本来、議長の任期は4年間となっていますが、申し合わせまたは慣例として実際には1年交代、2年交代、4年交代と様々です。図表1－2のとおり、2年交代としている議会が多いですが、本来の任期は4年間なので、交代する場合は議長が辞表を出して、議長退任の承認の議決を経て、あらためて議長選挙を行います。このようにあえて2年交代や1年交代としているの

Ⅰ 地方議会のあらまし

は、1つは、議長に就任することで一議員としての活動が4年間制限されるのが厳しいことが挙げられます。そしてもう1つは、「役職はみな等しく持ち回り」という考え方が地方議会の根底にあり、4年間であると議長をやれる人とやれない人が大きな会派の中で出てきて、会派の火種になる可能性があるからだと思います。

図表1-2　申し合わせや慣例による議長の任期

令和5年度1月1日～12月31日

人口段階別	任期1年	任期2年	任期4年
5万人未満　228	32 (14.0%)	189 (82.9%)	7 (3.1%)
5～10万人未満　196	54 (27.4%)	140 (71.4%)	2 (1.0%)
10～20万人未満　118	46 (39.0%)	72 (61.0%)	0 (0.0%)
20～30万人未満　48	12 (30.0%)	27 (67.5%)	1 (2.5%)
30～40万人未満　26	16 (61.5%)	10 (38.5%)	0 (0.0%)
40～50万人未満　15	9 (60.0%)	6 (40.0%)	0 (0.0%)
50万人以上　10	3 (30.0%)	7 (70.0%)	0 (0.0%)
指定都市　12	5 (41.7%)	7 (58.3%)	0 (0.0%)
申し合わせや慣例のある全市　645	117 (27.4%)	458 (71.0%)	10 (1.6%)

出典：全国市議会議長会 令和6年7月「令和6年度 市議会の活動に関する実態調査結果」
※各割合は議長任期に関する申し合わせや慣例のある645市の人口段階別の市数を基準にしている。

Q4　通年議会とは何ですか？

A　ほとんどの地方議会は、先に示したような定例会制をとって定期的に議会を開催していますが、最近は通年制（通年会期制）を採用する議会が出てきています（図表1-3）。通年議会は、従来の定例会制と異なり、議会が1年を通して活動する制度です。この制度には、以下のような利点と欠点が挙げられます。

Ⅰ　地方議会のあらまし

図表1−3　通年会期制を採用している市の採用状況

56市（令和5年12月31日現在）

根拠条文	市数	市区名
通年会期を採用している市 （地方自治法第102条の2第1項）	14	久慈市、福島市、柏崎市、秦野市、厚木市、常総市、坂東市、鳥羽市、四條畷市、守山市、丹波篠山市、浜田市、小松島市、三好市
定例会を条例で年1回と定めている市 （地方自治法第102条第2項）	42	根室市、宮古市、北上市、一関市、滝沢市、登米市、会津若松市、伊達市、南砺市、金沢市、七尾市、白山市、青梅市、あきる野市、文京区、墨田区、荒川区、相模原市、横須賀市、守谷市、矢板市、那須塩原市、久喜市、鎌ケ谷市、藤枝市、犬山市、豊明市、四日市市、伊賀市、鈴鹿市、名張市、枚方市、大東市、大阪狭山市、京都市、亀岡市、大津市、長浜市、安来市、土佐清水市、香美市、壱岐市

出典：全国市議会議長会　令和6年7月「令和6年度 市議会の活動に関する実態調査結果」

【利点】

① 迅速な対応

　緊急の議案や住民からの要望に対して、迅速に対応できる可能性が高まります。定例会を待つ必要がないため、時機を逸することなく議会の判断を出すことができます。例えば、陳情や請願に関して、定例会制の議会では、議会に提出された後、受け付けした定例会で所管委員会に付託をし、閉会中にて審議を行い、次の定例会でその委員会の報告を行い、採決を行うという流れになります。この場合、非常に時間がかかり、内容によっては効力を発生させることが間に合わない場合も出てきます。その点、通年議会であれば、内容に応じて議会を開き採決することを早めさせることが可能になります。

② 災害などの突発的な事案への対応

　定例会制を採用している議会では、災害などの混乱した状況で、急遽議会を開催する手続きに時間を要するなど、BCPを確実に実行できるのか不安があります。通年議会であれば、煩雑な手続きがなく、各議員の意識も醸成されているので、緊急時にも迅速に議会を開くこと

I　地方議会のあらまし

が可能で、危機管理の観点から効果的であると考えられています。
③　住民からの信頼感の向上

　　住民からの意見や要望を議会に反映させる機会が増え、より開かれた議会運営につながることが期待されます。タイムリーな審議を行うことで、住民は議会活動を身近に感じ、関心を持ち、信頼感が高まることが期待できます。さらに、1年間を通じて議会が開かれているという説明は、定例会制よりも議会が働いているという印象が強く、住民の印象は悪くありません。

④　専門性の向上

　　議員は特定の分野の議案を継続的に審議することで、専門性を高めることができます。定例会制であれば、定例会ごとに議論がぶつ切りになりがちですが、継続していれば、より議論を深め、また、理解を深めることにつながると期待されます。

⑤　行政との連携強化

　　定例会という区切りがなく、随時意見交換や情報交換を行うことができるため、行政に対する議会としてのチェック機能が強化されます。議会と行政との間での意思疎通が増え、より密接な連携が可能になります。

【欠点】

①　議員の負担増

　　議会活動が1年を通して行われるため、議員の負担が大幅に増えることが懸念されます。十分な準備や住民との時間を取ることが難しくなり、時間配分がうまく組めない議員の場合、活動の質の低下を招く可能性もあります。また、専業議員がほとんどである議会は良いとしても、議員報酬だけでは十分に生活できない議会もあり、例えば、生業を続けながら議員として活動する人がいる議会も少なくありません。このような場合、通年議会を採用することが難しく、議員のなり手不足を助長させることが予想されます。

②　行政への負担増

Ⅰ 地方議会のあらまし

　　上記の利点④と表裏一体ですが、こまめに審議が行われていくと、議会からの質問内容や要求がより細かく、また深くなり、それに対応するため、行政の負担も増大します。議会対応の時間が増えることで、職員の残業が増えたり、住民へのサービスの低下や業務が滞ったりする可能性があります。

③　議員と住民との関係の変化

　　先に述べた利点③と表裏一体、利点④とも関係しますが、審議の内容がより細かく専門的になることで、議論そのものが住民の視点から離れていく可能性があります。また、議会が頻繁に開かれることで、住民が議員との直接の接点を持つ機会が減少し、議員と住民との関係が希薄化したり、住民が継続的に傍聴することが難しくなる可能性も否めません。

④　費用増

　　仕組みで考えれば、通年議会にすると議会運営に必要な費用が増加するはずです。しかし実態としては、通年議会を採用した議会では費用弁償を支給しない、もしくは費用弁償は実費とするところが多くあり、議員向けの費用はそう増えていません。また、委員会、本会議の開催の場合の速記委託料などといった会議運営費や説明員への手当などはありますが、基本的に大幅に費用が増加しないよう、その開催と運営は慎重に決められているようです。

　結論として、通年議会は、住民の要望に速やかに呼応していくことで信頼感を高め、迅速な意思決定を可能にするという点で大きなメリットがあります。しかし、議員や行政の負担増、住民との情報共有への対応といった課題すべてにしっかり応えることは、簡単ではありません。導入した議会をみると、これまでの定例会制のスケジュールと基本的に変わらないのが実情のようです。通年議会は、地方議会改革の１つの選択肢として注目されていますが、その導入に際してはメリットとデメリットを十分に比較検討し、以下の基本的な検証と地域の実情に合った制度設計を行うことが重要です。

I　地方議会のあらまし

議員の定数や委員会の構成	議員の負担を軽減するため、議員の定数や委員会の構成はこのままで良いのか？
議会の運営体制	効率的な議会運営を行うために、どのような体制整備が必要か？
住民への情報提供	住民が議会活動に参画しやすいよう、情報提供体制をどう強化するか？
費用対効果の検証	導入による費用対効果を十分に検証し、費用増に見合う効果が得られるかどうか？

　なお、筆者が通年制導入に関して最も強調したいのは、住民と議員、議会と行政、議員のあり方など、様々な要素において何らかの変化が出てくることです。議会運営上の視点や上記の項目以外に考えるべきことは、自らの自治体の今後を見通したとき、「行政と対等に議論する専門議員こそ必要なのか」、「住民に深く向き合い住民本位・住民目線で議論してもらうことが必要なのか」、総じて「住民にとってどのような議員像が求められるのか」です。そのような議会の将来像を、議会全体でどこまで共有できるかが重要ではないかと考えます。

Q5　予算が通らなかったらどうなりますか？

　A　基本として、予算の編成権は議会にはなく、長を含めた執行機関にあります。そして長は、全方位的で、かつ自分自身の納得のいく予算案をギリギリまで詰めて策定します。そのことから、予算案には議員の立場で賛成しがたい内容が盛り込まれていることが起こりえます。筆者も100％賛同できる予算案に出会ったことはなく、総合的にその可否を判断するしかありませんでした。全国の自治体をみますと、予算案がそのまま通らないケースがあります（図表1－4）。1つは否決、そして修正可決（一部の予算案の内容を修正して可決）、また付帯決議や意見を伴っての可決などです。その中でも、予算案が否決された場合は、特に福祉的公共サービスに影響が出るなど住民生活が停滞することになるので、反対する判断は非常に難しいのが現実です。では、予算案が否決される原因はどん

I 地方議会のあらまし

なところにあるのでしょうか？

図表1－4　令和5年度一般会計当初予算の審議結果

全市815市（令和5年12月31日現在）

	可決		修正可決	否決	その他
	付帯決議なし	付帯決議あり			
全市 815市	752 (92.3%)	30 (3.7%)	17 (2.1%)	3 (0.4%)	13 (1.6%)

出典：全国市議会議長会 令和6年7月「令和6年度 市議会の活動に関する実態調査結果」
※）「その他」については可決に際し付帯決議でない形で意見を付したものなど。

　それは、予算案の内容について議会と行政の間で大きな意見の食い違いがある場合や、特定の政策に反対する議員が多い場合があり、さらに財政状況が悪化しているため予算案が大幅に削減され、サービスが縮小された場合なども否決される原因として多くみられます。そして、これが一番多いかもしれませんが、そもそも議会と長との関係が悪化している状況（その場合、長と行政との関係も悪化していることが多い）や、選挙が近いなど、政治的な駆け引きとして行われることが予算案否決の背景にあります。また、そういった政治的駆け引きによる場合、落としどころをお互い理解していて行われているケースが多分にある一方、中には完全な対立で、長期にわたり予算が組めない自治体もあります。
　以下は、予算が通らなかったときの主な影響です。

事業の遅延	予算が承認されないということは、その予算で計画されていた事業が実施できなくなるか、遅延することになります。
公共サービスの低下	公共施設の改修、道路の整備、福祉サービスの拡充など、住民生活に直結するサービスの提供が滞る可能性があります。
職員の給与未払い	極端な場合、職員の給与が支払えなくなり、行政機関の機能が麻痺する可能性も考えられます。
生活環境の悪化	公共施設の老朽化、道路の損壊など、住民の生活環境が悪化する可能性があります。
サービスの利用制限	図書館の開館時間の短縮、公園の閉鎖など、住民が利用できるサービスが制限される場合があります。
地域経済への影響	公共事業の遅延は、地域経済の活性化にも影響を与える可能性があります。

政治の混乱	長や行政と議会とが対立が生じ、政治的な調整が困難になり、膠着状態の続く悪循環に陥る可能性があります。
債務不履行	予算が長期にわたって成立しない場合、地方自治体は債務不履行に陥る可能性があります。
住民訴訟	住民が、予算が通らなかったことに対して、地方自治体を相手取って訴訟を起こす可能性もあります。

　このように、住民生活や地域経済に大きな影響を与えるため、議会と行政は、住民の意見を聞きながら、建設的な議論を行い、円滑な予算編成を進めることが求められます。では、予算が通らなかった場合、どのような対応が行われるのでしょうか。

【執行機関の対応】

　行政は、場合によっては板挟みになる立場になるかもしれませんが、長の意思を十分くみ取った上で、議会との調整を短期間で仕上げていかなければなりません。

暫定予算の編成	新年度が開始される前に予算が成立しない場合、行政機能を維持するために、最小限の経費で運営するための「暫定予算」を編成。
事業の見直し	否決された予算案を精査し、優先順位の高い事業から順に実行していくなど事業の見直し。
議会との協議	議会との対話を深め、予算案が否決された理由を丁寧に聞き、修正案を検討。
住民への説明	住民に対して、予算が否決されたことによる影響や、今後の見通しなどの説明。

【議会の対応】

　議会側は反対した立場としての責任が問われる中、反対した理由を明確にした上で、予算成立に向けて最大限努力することが求められることは、いうまでもありません。

否決理由の精査	予算案が否決された（予算案に反対した議員の場合：否決した）理由を詳しく分析し、また、明らかにすること。
住民の声の反映	住民の声を聴き、より良い予算案を作成するために引き続き議論を重ねること。
行政との連携	行政機関と密接に連携し、予算案の修正に向けて協議を進めること。

Ⅰ 地方議会のあらまし

【住民の対応】

議会への意見表明	議会に意見書を提出したり、請願活動を行ったりすることで、自分の考えを伝え、予算編成に影響を与えられるように取り組むこと。
住民投票の要求	特に大きな問題となっている場合は、住民投票の実施を要求すること。
マスコミへの働きかけ	予算が否決されたことについて、マスコミに働きかけ、問題を広く知らしめることで、議会や行政に圧力をかけること。
裁判への訴え	予算が否決されたことによって不当な扱いを受けたと感じたなどの場合には、裁判所に訴えること。

　なお実際は、予算が否決された後の対応は、その原因や地域の状況によって大きく異なりますので、対応は慎重に検討すべきですが、住民一人ひとりが地域の課題に関心を持ち、積極的に意見を述べることで、より良い地域づくりに貢献することができます。もちろん、住民が行動を起こす前に、住民の代表である議会自らが住民の意見をあらためて受け止め、混乱の収拾を図らなければ、議会への信頼が失墜することを忘れてはなりません。

2 議員の役割　～議員の存在価値と権限～

Q6 地方議員は必要ですか？

A 　地方議員の必要性については、時々、特に統一地方選挙の前に論じられることですが、賛否両論があり、一概に「必要」あるいは「不必要」と断言することは難しい問題です。以下に主な視点を整理します。

【必要と言われる理由】

住民の声を反映	地方議員は、地域住民の様々な声を議会に持ち込み、行政に反映させる役割を担っている。
地域の発展に貢献	地域の課題を把握し、住民と協力しながら地域の発展に向けた政策を立案・実行する。

チェック機能	行政の透明性を高め、不正や無駄遣いを防ぐ役割を担っている。
多様な意見を反映	異なる立場や意見を持つ人々が議会に集まることで、より多様な視点から政策を検討することができる。

【不必要と言われる理由】

費用対効果	地方議員の報酬や事務費など、維持費がかかる一方で、その効果が必ずしも目に見えない。
無能な議員の存在	能力不足や不正に関わる議員の存在が、地方議員全体のイメージを悪くしている。
住民参加の低下	行政も住民自身も以前に比べ地域に積極的に関わるようになり、地方議員の存在意義が薄れている。
行政の支配	地方議会が行政官僚に牛耳られ、結局住民の意思が反映されていない。

　不要論にもうなずける部分がないわけではありませんが、筆者は必要と考えています。その理由として、議会と議員には４つの固有の機能があると考えるからです。

① 住民の代表としての機能

　　議員がいなければ、様々な考えを持つ住民の声を行政にスムーズに伝え、生かしていくことは難しいです。行政は自治体全体に対する奉仕者であり、住民の声を聴いて、その声に対応し、または事業に反映していくなど、簡単に判断することはできません。実務的には、ある程度まとまった住民の声に対応していく場面は増えてきます。その場合、事前に住民自らが多くの住民の声としてまとめていく必要がありますが、それを行うには時間がかかる上、簡単なことではありません。一方、議員は住民の代表として、その発言はそのまま住民を代表するものであると解されることから、１つの声、多くの声にかかわらず、議員や議会からの発言を行政は重く受け止めることになります。議会があることで、そういった様々な住民の声を行政にスムーズに伝え、または継続的に要請することが可能となります。

　　また、行政は基本的に行政組織の中で物事を判断するため、世の中の状況や時代の考え方とずれが生じる場合があるため、住民の相場観

Ⅰ　地方議会のあらまし

を行政に伝えていくことも非常に重要な機能といえます。
② 　政策調整機能

　　住民が不満を持つ事象に対し、改善を求めるものですが、そこだけを変更するということは難しい場合が多くあります。当然ながら、行政施策は横でつながっており、他分野にも影響を及ぼすことが考えられますので、施策全体のバランスを保持することも重要になります。局部的なところだけでなく全体を同時に見ていかなくては、真の改善は果たせません。議員は日常の活動の中で、行政事業、またその変化をつぶさに把握し、様々な分野との関係性とこれまでの経過を含めた全体像を概ね理解していますので、どう改善すればよいか、ある程度見通すことができます。したがって、住民の思いを受け止め、行政に対し実現性の高い改善策を模索しながら要請していくことができます。

③ 　継続的かつ広範な調整機能

　　住民の価値観や生活指向が様々ある中で、異なる方向の意見を住民間で交換し、調整することは簡単なことではありません。議員はその広範な住民との関係性を持ち、その日常活動の中で、住民の意識や課題、そしてその重要性や優先順位の認識を積み重ねています。議会は、そういった多種多様な住民の声をバックボーンに持つ議員同士が議論をしていく場所であり、その議論を通じ、住民の意見を行政の取組に落とし込めるよう調整していきます。さらには、その事案の取り扱いについて、住民が理解できるよう住民に対して説明し、調整することができるのも、議員ならではの役割の１つです。

④ 　広報機能

　　行政は、基本的に法律に則って仕事をします。それ以上、それ以下の仕事はできません。そして、すべての住民に対して法律に即した正確な説明を行うことが求められます。そもそも、あらゆる事業の根拠は法律にありますから、法律用語が並ぶ説明は分かりにくく、住民が容易に理解できるものではありません。もちろん、そういったことを乗り越えて、分かりやすい公共を目指す姿勢は持たなくてはなりませ

んが、説明するということは、一部情報を省き、言葉を簡易なものに置き換え、または住民によって説明を変えていくなどということが必要になります。しかしそれでは、住民の聞き方によっては、その運用が拡大されたり縮小されたりと、誤った理解が広まるおそれがあります。そういった説明で、万が一住民が不利益を被ることがあれば大変な事態です。そのような理由から、行政に分かりやすい説明を求めることは、根本的に困難であると筆者は思っています。このような行政の行っている事業について、その情報を必要とする住民に、その住民が理解できる形で積極的に説明をしていくということが、社会的に求められています。こういった役割を果たせるのも、議員の存在価値の1つだと思います。

以上の理由から、住民の代表として議会が存在することは意味があると筆者は考えています。

先に述べたように、不要論についても理解するところはあります。しかし、不要と一足飛びに断じる前に、住民の代表としてしっかり働く議会をどう作るかを考えるべきでしょう。もちろん、それを考えるのは、議会側であり、すでに議会改革に積極的に取り組んでいる議会も数多くあります。また、住民にはその改革にもっと関心を持っていただくことが肝要です。

Q7 議員に頼むとすぐに実現しますか？

A 私の新人議員研修時代の話になりますが、「議員はスーパーマン」ではないということを、講師となった議会事務局の職員から言われたことを印象深く覚えています。確かに、世間一般の印象としては、議員が「これを何とかしろ！」と行政職員に言えば何とかなるような、強権的なマイナスのイメージと、いざとなったら頼れるプラスのイメージが混ざっているのだろうと想像しますが、実際、議員になりたての頃は筆者もこの例に近い形で、議員の一言は強いという思い込みを持っていました。

Ⅰ　地方議会のあらまし

　実際、小さな陳情であれば「何とかなりませんか」、「できるやり方は全くないのですか」とお願いして何とかなることもありましたが、これは議員として本来持ち合わせている権限ではありません。議員が持つ強い権限は、条例を制定することと、議会を通じて執行機関の行動や計画に対し、質問できるということです。堅い表現をすれば、議員には執行権がないということですが、先に示した「何とかしてもらう」事例は、あくまで行政側からの議員へのサービスでしかありません。やはりスーパーマンではないのです。

　この「何とかしてもらう」という事例については、法律に則っていないことはもちろん、そのことで別の住民が不利益を被るということが想定されるならば、行政もやってはくれません。そのお願い事が行政の範疇にあり、一般的な困り事や行政としても対応すべき事柄であった場合に限られます。行政は、様々な施策を実現するために日々作業を積み重ねていますが、それを実行に移すには、条例や計画や予算といった後ろ盾がなければできません。その後ろ盾となるものは、議会の同意が必要となってきますので、行政としては「やるべきことを議員の要請ですぐに取り組む」という行動によって応え、代わりに行政の取り組みを理解してほしいという、言葉に表さないやり取りがそこにあるように筆者は解釈しています。世間一般でいう「貸し借り」に近いでしょうか。もちろん、そこには馴れ合いがあってはならず、お互い一般的なコミュニケーションの範疇にとどめておかなくてはならないことは、これも暗黙の了解になっていると思います。

　議員によって実現するかしないかは、おおよそ「その陳情が適切なものか（適法なものか）？　または一般的なものか？」というところがほとんどであり、ごくわずかな要素として、その自治体職員と議員との人間関係、そしてお願いの仕方の2つではないかと思います。人間関係でいえば、親しい間柄であるかどうかはもちろん、その議員の議会内での存在が自治体職員にどう映っているかというようなことではないかと思います。また、お願いの仕方については「何とかしてください」ではなく「何とかなる方法を教えてほしい」とお願いするなど、議員側に執行権がないことを理解

した言い方であることなどが要点になると思います。しかし、繰り返しになりますが、この2つは実現するかしないかに大きく影響するものではありません。

Q8　地方議会にも与党と野党は存在しますか？

A　多くの学説にあるように、本来地方議会は二元代表制を取っているので、理論上は、与党・野党というものは存在しないですし、存在しないのが理想であると思います。

しかし、現実の地方議会では、与党・野党が存在しているのが実態です。人間社会は「敵か？　味方か？」という見極めをどうしてもしてしまうものです。それは良いか悪いかの判断の隙間すらない、動物の習性のようなものです。議会でいえば、条例案や予算案といった議案に賛成してくれるか否か、そのことを長も行政も当然ながらじっくり見て、そしてしっかり頭に入れています。議員側としては、議員を志した目的の実現を図りたいし、支援者からの要望に着実に応えたいと思うので、執行機関である長や行政とできるだけ良い関係でいたいと多くが思っています（もちろん例外の議員もいます）。執行機関にとって味方であるということは「与党」という表現に変わります。そういう意識から「私は与党」と表現する議員も少なくありません。この考え方は保守系議員に色濃く、非保守系（以下「革新系」）議員には薄いのではないかと思います。

筆者としては、与党という言葉のニュアンスには2つあると思っています。1つは「長と政治的に同じスタンスにある」、もう1つは「長を守る勢力に入っている」ということです。

保守系の場合は、まさに前者と後者を合わせた考え方になります。「同じ政治的立ち位置にいるなら与党」であり、同時に「与党とは長を守るべきもの」という考え方です。よっぽど相容れない内容でなければ、小異を捨てて体制を守ることを優先する考え方をとります。では、そういった姿勢

Ⅰ　地方議会のあらまし

の保守系議員は、仮に革新系の長の下ではどう振る舞うかですが、その執行体制は実態として長が中心なのか、行政が中心なのかをみていきます。つまり、条例でも予算でも、行政運営全体において、長がイニシアチブを完全にとっているとすればすっきりと是々非々で臨み、もし長が行政を十分に掌握できておらず、行政が中心で動いているのであれば、体制を守っていこうとする指向になっていきます。結果、保守系議員は大方、与党であるという見方ができます。

　逆に、革新系議員は、保守系の長の下では是々非々ないしは政治的判断を重視し消極的な態度を決め、革新系の長の下でも変わらず是々非々で臨んでいることから、万年野党になりがちです。でも実は地方議会のあるべき姿からすれば、長の政治スタンスがどこにあろうと是々非々で議論を尽くすというのが、理想であるといえます。

　現状では、地方議会において、与党か野党かは、長の立ち位置にかかわらず、保守系か革新系かによっておおよそ見極められるのだと思います。この見立ては、あくまで傾向としての個人的見解であって、すべての議会や議員に当てはまることではないことをお断りしておきます。「現状では」とあえて記したのは、この傾向も今後の時代の変化はもちろん、革新系の長がもっと増えてきて経験を経ていくと、議会と執行機関との関係志向も変わってくる可能性がありますし、そもそも保守系・革新系という捉え方、そして地方議会での与党・野党というこだわり自体が過去のものになるかもしれないと思うからです。

Q9　いずれAIが議会にとって代わるのですか？

A　これには、はっきりNOです。代替可能説を唱える議論で最も多い、「住民の代表としての意思決定（条例や予算の決定など）」は、確かにAIにも可能であると筆者も思っています。そのほか、議会で判断が必要となる大雑把な判断についても代替できるだろうと思います。

Ⅰ　地方議会のあらまし

　そういう意味では、ＡＩに任せることのコスト的なメリットは理解できますし、個々の議員の悪しき思惑が働かないという意味で、有効性も理解できます。

　とはいえ、本来の議員の役割はもっと広範なものです。この点はＱ６でも述べたとおり、議員固有の機能すべてをＡＩが代替してできるはずはないと思うからです。議員は、日常から住民とのコミュニケーションをとっています。その中から、住民が何を望んでいるのか、何に不満や不安を感じているのかなど、その方の背景を含めて把握していきます。そして何より、信頼関係を築いていきます。ちなみに、国会議員が地方議員を尊重するのは、こういった活動の積み重ねにあります。

　ＡＩは全体最適を効率よく判断するのに適していますが、個々の事情や心情をくみ取って対応することはできません。行政が行うべき事業で、ＡＩからみても最善策と思える事業が、住民に受け入れてもらえない可能性だってあります。その場合、ＡＩは、その住民たちを説得することは可能でしょうか？　行政が何十年も継続的な説得をしても動かないことも多くあります。その場合、ＡＩなら住民に受け入れてもらえる内容にまでレベルを下げるという判断をするのでしょうか？　であるとすれば、全体にとっての最善策ではなくなってしまいます。議員は自ら最善策と判断したことは、何とか住民に受け入れてもらえるよう働きかけを行います。これまで築いてきた信頼関係を梃子にして、実現を図っていくのです。ＡＩが議会にとって代わったら、こういった調整機能を誰が行えるのでしょうか？

　住民が生活する上で、社会全体を優先し、合理的に効率的に判断するようであれば、ＡＩは大いに活躍できると思いますが、人はそれぞれの感情を持ち、癖を持ち、それぞれ歴史を抱えている以上、ＡＩだけで社会をスムーズに動かしていくことは不可能です。確かに、こういった人の思考をも学習して判断を改善していくのが可能だという説もありますが、そうであるなら、人側がコミュニケーションを通じて学習するという重要なプロセスを社会から取り除いてしまうことになるのではないでしょうか？　それはまさに、社会全体を劣化させていくという流れを作ることになるので、

Ⅰ 地方議会のあらまし

ＡＩへの代替はできると仮定しても、避けるべきといわざるを得ません。

3 議会内会派 ～会派の位置づけ、代表者会／幹事長会、議員協議会～

Q10 会派は必要ですか？

A 　会派とは、政策的な考え方を同じくする議員が集まり結成する団体です。地方議会における会派は、実は法律に規定されたものではなく（唯一、地方自治法の政務活動費に関する規定の中に「会派」と記載があります）、実務的に存在する制度です。

　議員数が一定以上あると、ある程度の段階を経て議論するのが合理的なので、会派という仕組みを採用しています（図表１－５）。そのため、少人数の議会（町村議会など）では、会派制が採用されていないこともあります。会派制をとっているところでも、その運用や効用は各議会によって違いがあるので一概には説明できませんが、議会運営にとって、また自治体運営にとって、会派の効用は大きいと思います。議員として会派を構成する動機は、議会内の影響力が大きくなることが主に挙げられます。例えば、議員提出議案が必要な人数以上の会派となると、更に交渉会派と称され、議会の基礎的な決め事を行う各派代表者会（幹事長会）に出席し、交渉することができ、また、代表質問の権利を得られるなどです。一方、行政側にとっても、交渉する窓口があることや、議会の中の勢力図から政策の内容を調整することができるので、自治体運営上のメリットがあるといえます。

Ⅰ　地方議会のあらまし

図表1-5　会派の数

令和5年12月31日現在

人口段階別	会派制を採用していない	1～3会派	4～6会派	7～9会派	10会派以上	会派制であるが結成されてない
5万人未満 300	39 (13.0%)	97 (32.3%)	107 (35.7%)	34 (11.4%)	5 (1.7%)	18 (6.0%)
5～10万人未満 235	8 (3.4%)	31 (13.3%)	151 (64.3%)	41 (17.5%)	4 (1.7%)	0 (0.0%)
10～20万人未満 148	1 (0.7%)	10 (6.8%)	98 (66.2%)	41 (21.0%)	8 (5.4%)	0 (0.0%)
20～30万人未満 48	0 (0.0%)	2 (4.2%)	34 (70.9%)	11 (23.0%)	1 (2.1%)	0 (0.0%)
30～40万人未満 30	0 (0.0%)	1 (3.3%)	16 (53.3%)	7 (23.3%)	6 (20.0%)	0 (0.0%)
40～50万人未満 19	0 (0.0%)	0 (0.0%)	10 (52.7%)	8 (42.1%)	1 (5.3%)	0 (0.0%)
50万人以上 15	0 (0.0%)	0 (0.0%)	3 (20.1%)	8 (53.3%)	4 (26.7%)	0 (0.0%)
指定都市 20	0 (0.0%)	0 (0.0%)	9 (45.0%)	9 (45.0%)	2 (10.0%)	0 (0.0%)
全市 815	48 (5.9%)	141 (17.3%)	428 (52.6%)	149 (18.3%)	31 (3.8%)	18 (2.2%)

全国市議会議長会　令和6年7月「令和6年度市議会の活動に関する実態調査結果」を基に筆者が加工作成

　会派を組む主なメリットとしては、次のようなことがあります。
・行政に対しても議会内においても、交渉力や影響力を持てる。
・政策に関し、分担して調査または質問をするなど、議会活動を効率的に行える。
・会派の代表者を通じ、議論を整理して会派間の調整を行うことができる。
　逆に、会派を組むことのデメリットもあります。
・会派内の調整を経なければ、公での発言は基本NGであるなど、議員活動の自由が制約される。

Ⅰ　地方議会のあらまし

- 会派の決定は絶対（会派によって、また案件によって拘束をかけない場合もある）なので、時に自身の信条と相反する表決をせざるを得ない可能性がある。
- 会派としての決定はメンバーの了承が前提であることから、時間がかかり、玉虫色の結論に至ることもある。
- 他会派の議員との自由なコミュニケーションを取りづらくなる。

Q11　会派＝党派でないのですか？

A　通常、会派は、その議員が籍を置く党の同志が集い結成されます。その方が、住民からも行政からも分かりやすいですし、議員活動において国政とも一定程度関係してくることから、効率的に動けるからです。

しかし、そうではない会派も存在します。例えば、同じ党であっても、議会の改革派か守旧派かによって、議会への取り組み方に対立が起き、同じ取り組みができる他党の議員と会派を組むといったケースがあります。そのほかにも、長との関係の違いによるものや、具体目的を掲げ党籍を超えた議員が集う会派もあります。また、議会内人事での対立や考え方の違いによって袂を分かち、1つの党が2つ3つの会派に分かれているという事例もあります。

さらに、無所属の議員が会派の利点を得るために結集する場合もあります。その際に、目的や政策をきちんと共有する場合と、しない場合がありますが、そもそも一国一城の主の集まりですから、組織として機能することは難しく、会派として共有すべき目的や政策が存在しない場合は特に、会派が形だけとなり、本来会派が持てる力を十二分に発揮することは極めて難しくなります。

Q12 会派内は仲が良いのですか？

A 議会での会派の実態とすると、人間関係でみれば意外にも、会派内ほど難しいところが多いようです。議会の中では各会派間でしのぎを削っていますが、同時に会派内でも個々の議員はイニシアチブを握れる立ち位置に行こうと切磋琢磨しています。その結果、会派内にも派閥のようなものが生じて、人事や政策で対立するケースが出てきます。会派内という身内の中だからこそ、根深く後々まで影響することもあり、会派内は意外にも溝が所々に生じやすいといえます。

更には、選挙に関係する事柄になりますが、大きくみれば議会全体が同じ有権者を（政令市の場合は選挙区別に）相手にしていて、同じ会派であれば政策を共有しており、そのことから支持者の層がどうしても重なります。中でも活動エリアがダブっていたり、近かったりするとお互い気になる存在になり、様々な場面において、対立が表層化することがあります。もちろん、そういう意味では基本政策が違う他会派の議員であっても、活動エリアがダブっていたり、近かったりすると、同様の理由で対立しがちです。しかし、やはり同じ会派の方が島国的な感覚で緊張関係が生じやすいということは、実感としてあります。

Q13 会派間の調整は代表（幹事長）が行うのですか？

A 会派間の調整は、最終的には代表（幹事長）が行っていきます。しかし、そこはあくまで最終段階であり、重要な案件であればあるほど、会派のメンバーが、様々な形やフェーズで関わっていきます。例えば、議会には、同期会という同じ時期に当選した者同士が党派を超えて交流する場面があります。そういったところで、その案件について話をして反応をみるなどして、他の会派のスタンスを捉えたりします。同期会で

Ⅰ　地方議会のあらまし

なくても、会派を超えて人間的な付き合いをしている関係もあるので、そういった関係で打診を試みることもあります。また、代表（幹事長）の力が十分でないときは、長老議員など力のある議員が、他会派の同じような立場の人と事前に折衝することもあります。このように、会派間の調整は、見えない場所で、様々な形で行われ、よりスムーズに調整が図れるようにされています。

　前述のようなチームワークが発揮されることがある一方で、会派内でしっかり意思統一が図られていない段階などでは、足の引っ張り合いになるケースがないこともありません。議員の中には、会派内で武勲を立てようと頑張る者もいれば、他会派に恩を売ろうとする者が出てきたりします。その動きは、まさに政治そのものです。会派運営の難しさであり、面白さでもありますが、ここは代表（幹事長）の力というよりも、会派内の団結が図られているかどうか、ということに尽きると思います。

4　議員の実態　～待遇、族議員、質の変化～

Q14　地方議員はどれくらい収入があるのですか？

A　議員が得られる収入の主なものとして、議員報酬、期末手当、政務活動費、費用弁償の4つがあります。同じ議員でも、正副議長の報酬は一般議員より高い設定になっています。また、正副委員長などの一部の議員には役職手当もあります。これら4種類の収入を足した金額を収入と見立てることができますが、その額は全国ピンキリで、おおよそを示すことも難しいです。

　議員報酬（図表1-6）では、区市町村の最高額は横浜市（政令市）の月953,000円で、最も低いのは東京都御蔵島村の月100,000円（以前最も低額といわれた福島県矢祭村は財政再建を果たし月額に変更後増額）で、報酬だけで9倍以上の違いがあります。

Ⅰ 地方議会のあらまし

図表1-6 地方議会議員の報酬（平均報酬月額の最高額と最低額）

平成29年4月1日現在　単位：円

	議長	副議長	議員
指定都市議員			
最高額	1,170,900（横浜市）	1,061,000（横浜市）	953,000（横浜市）
最低額	779,000（相模原市）	703,000（新潟市）	648,000（浜松市）
平均	963,865	867,340	792,325
市議会議員			
最高額	827,000（西宮市）	748,000（西宮市）	700,000（金沢市・東大阪市）
最低額	230,000（夕張市）	200,000（夕張市）	180,000（夕張市）
平均	493,820	453,911	406,134
特別区議会議員			
最高額	956,000（江戸川区）	813,300（足立区）	619,000（足立区）
最低額	860,300（杉並区）	755,200（中野区）	588,300（中野区）
平均	918,213	787,857	406,134
町村議会議員			
最高額	499,000（葉山町）	430,000（葉山町）	400,000（葉山町）
最低額	140,000（御蔵島村）	115,000（御蔵島村）	100,000（御蔵島村）
平均	290,920	235,553	213,738

国立国会図書館発行 調査と情報―ISSUE BRIEF―第1053号（2019. 4.11）を基に筆者が加工作成

　一般的には、市区でみればその自治体の課長クラス、都道府県の場合は部長クラス、町村では係長クラスのお給料とおおよそ同等といわれていますが、町村ではその半額程度になっているところもあるようです。

　また、別の見方としては、その自治体の人口に比例するとか、予算の大きさに比例するというのもありますが、確かにそんなところだろうと思います。

　これらの金額は、報酬審議会という第三者機関が定めていて、自らの収入を自らで決めるべきではないという趣旨でそうなっています。とはいっても、実際には執行機関を通じ、議会側の意向を伝えることはできるようになっています。

Ⅰ 地方議会のあらまし

Q15 報酬とは何ですか？

A 一般的なお給料に近いですが、厳密には違います。お給料は勤務時間に働いた対価としての生活給ですが、報酬は一定の役務の提供への対価であって生活給ではありません。そのことから、もし万が一借金返済が滞り差押えが入る場合、お給料はその額の4分の3は差押えが禁止されますが、生活給でない議員報酬は全額差し押さえられることとなります。

　費用弁償については、職務上生じた必要経費を支給するもので、交通費や食事代などが含まれると解されています。一昔前では、ほとんどの議会で、1日いくらと決められていて、公務で出席した日数分の支給がされ、支給額も1日5,000円や1万円など高額でした。現在は、世間的な批判が強まったことで、完全実費による支給や、通常の議会への出席の場合は支給を廃止している議会も数多く出てきています。一方で、主に都道府県議会では、議会に出席するには移動時間がかかり、相当の交通費や宿泊を要するなど、どうしても経費がかかってしまうところもありますので、費用弁償のあり方は自治体ごとに判断が変わってきてしかるべきと思います。

　政務活動費は、行政に反映させる活動その他住民福祉の増進を図るために必要な活動に要する経費であり、実費弁償の形をとっています。交付額の上限（限度）が各議会で決められていて、実際に使った額が交付されることとなります。これについては、Q31であらためて触れます。

　期末手当については、一般企業でいうボーナスと全く同じもので、年間で3～4.5か月分の支給がなされています。この支給は法律上では「必須」ではなく、「可能」とされていて、その額や方法も条例で定めることができます。財政が悪化している自治体では、支給率がかなり抑えられています。なお、議会にかかる経費の全国平均は、一般会計予算の約0.5％に過ぎません（図表1－7）。

Ⅰ　地方議会のあらまし

図表１−７　令和５年度一般会計当初予算額と議会費

令和５年12月31日現在　単位：千円

人口段階別	一般会計当初予算額の平均	議会費の当初予算額	一般会計当初予算額に占める議会費の割合
５万人未満　　300	21,326,132	166,964	0.78%
５〜10万人未満　235	33,597,386	243,279	0.72%
10〜20万人未満　148	60,982,910	353,366	0.58%
20〜30万人未満　48	106,110,271	540,231	0.51%
30〜40万人未満　30	150,053,279	687,293	0.46%
40〜50万人未満　19	184,564,659	778,877	0.42%
50万人以上　15	258,117,991	924,223	0.36%
指定都市　20	791,636,470	1,654,427	0.21%
全市　815	68,864,804	328,661	0.48%

Q16　兼職や兼業は可能ですか？

A　議員の兼職や兼業については、兼業禁止対象以外の職業であれば、法律上は可能です。法律で定められている兼業禁止の職業は、以下のとおりです。

① 　国会議員や他の地方公共団体の議員
② 　地方公共団体の常勤の職員や地方公務員法第22条の４第１項に規定する短時間勤務職員
③ 　自治体と一定の請負関係にある事業者（ただし、自治体と継続的な取引がある個人事業主について年間の取引額が300万円までなら兼業を認める改正法が施行されています。）
④ 　自治体と一定の請負関係にある企業の無限責任社員、取締役、執行役、監査役、これらに準ずべき者、支配人、清算人

兼業禁止の対象でなくても、公務の時間を考慮すると、かなり自由の利く就業形態でなければ兼業は難しいのが実情です。

Ⅰ 地方議会のあらまし

　実態としては、約半数が兼業をしているようです。市議会議長会の「市議会議員の属性に関する調査（令和6年7月）」（図表1－8）では、専業の議員が47.0％となっています。町村議会の議員専業はより低い割合のはずですので、市町村議会全体では兼業している議員の割合は確実に半数を超えます。

図表1－8　議員の兼業の状況

総議員数（全国市議会及び特別区議会）：18,456

	議員専業	農業・林業	卸売・小売業	建設業	製造業	学術研究、専門・技術サービス業
男性	6,236	1,653	857	676	565	408
女性	2,436	56	81	28	24	68
合計（割合）	8,672　47.0％	1,709　9.3％	938　5.1％	704　3.8％	589　3.2％	471　2.6％

医療・福祉	不動産・物品賃貸業	宿泊・飲食サービス業	教育、学習支援業	金融・保険業	電気・ガス・熱供給・水道業	生活関連サービス・娯楽業
451	341	323	239	159	156	181
145	25	66	89	10	7	56
596　3.2％	366　2.0％	389　2.1％	328　1.8％	169　0.9％	163　0.9％	237　1.3％

運輸・郵便業	情報通信業	漁業	複合サービス業	鉱業・採石・砂利採取業	サービス業	その他
130	113	64	44	14	724	1,418
7	17	2	6	0	176	410
137　0.7％	130　0.7％	66　0.4％	50　0.3％	14　0.1％	900　4.9％	1,828　9.9％

※総務省「日本標準産業分類」（令和6年4月1日施行）を基に調査

　例えば農業や小売業であれば、家族の中のやりくりで対応できる可能性が高く、建設業のような会社組織であれば、体制を整えれば、常勤でなくても就業を継続することができます。また、私の知っている事例としては、副業として介護に携わっている議員もいますが、士業も含め資格などがあ

る場合、議会最優先で余裕のある時間を上手く活用し、作業をするといったことも可能でしょう。また、最近は各種コンサルタントや専門技術を持つ議員も増えていますが、自宅でかつ自身の裁量でこなすことのできる仕事であれば、議会最優先を忘れない以上、問題なく兼業することは可能です。

　中には、国会議員の秘書と兼業する地方議員も出てきました。法律上は禁止されていませんが、これは難しいと思います。考えてみれば、国会議員秘書も選挙区での活動に勤しんでおり、その作業は地方議員とかなり重なるところがあり、同じ選挙区であれば合理的という捉え方もできますが、基本的に知り得た情報を扱う上での視点が違い、また切り分けが難しいこともあり、適切であるといい切れません。そもそも国会議員秘書もかなりのハードワークなので、職務専念の観点からこの両立は不可能といっていいと思われます。

　結局のところ、公務を優先してできる仕事か、もっといえば別の者がいつでも代理できるような仕事の体制ができるかどうかが、兼業を続ける大前提ではないかと思います。

　現在、兼業・副業については、特に町村議会で大きなテーマとなっています。町村では対応できる企業がそもそも少なく、業務委託する先も限られています。そういった自治体と契約を結んでいる事業者の執行部に属していれば、議員と兼職することは法律上できません。本来、その自治体の将来を考えたとき、議員として直接関わってほしい人材が、その兼業規制によって立候補できないという事態が多くみられるということです。すでに国に対して、兼業規制の見直しについて、町村議会からはもちろん、産業界からも意見書が出されています。その声を受け、請負契約の額が300万円までなら兼業を認める改正法が施行されましたが、議員のなり手不足の解消には十分ではないようです。さらに一部では、議員のなり手不足を解消するため、この兼業規制を超えた独自の条例を作り、より広い人材確保に乗り出す議会も出てきています。

　また、兼業とまではいきませんが、地方議員で結構な割合で多いのは、

Ⅰ　地方議会のあらまし

消防団員です。消防団員は、普段は他の仕事を持ちながら、火災や水害などがあれば現場へ駆け付ける非常勤の地方公務員ですので、議員の場合はダブル非常勤公務員となります。兼職としてはとても相性がよく、政治の根幹である安全安心に関わる役割を大きく担っていることはもちろん、地域の有志が集っているという場でもあることが大きいです。つまり、内容的に議員の仕事に生かすことができ、また、地元を支える意志のある人と共に活動することになりますから、人脈作りにおいてもメリットが大きいといえます。ただし、訓練や活動にあまり出ないなどいい加減な関わり方をすると、「やるべきことをやらない」と信頼を失い、入団自体が売名行為ととられることもあり、やる以上はしっかり活動することが求められます。

　そのほかにも、生業の傍ら従事できる非常勤公務員としては、予備自衛官という制度があり、無理なく続けられる兼職として検討してもよいかもしれません。

　地方議員経験者としては、何か兼業や副業を細々と続けていくことが、議員活動をする上でベターではないかと思っています。議員は、いつ落選し、職を失うか分かりません。落選しないために頑張ることはもちろん大切ですが、専業であることから議員職にしがみつくような意識になり、よい姿勢で政治に臨めなくなる弊害もあります。落選した場合の生き方もある程度見通せる余裕を持つことが、政治によりよく関わっていくうえで大切だと思います。もう1つ付け加えれば、議会という世界にいると、どうしても内向きになっていきます。少し離れた場所から、議会や議員という仕事を眺めることのできる場所や立場を持つことは、大変有効なことと思います。

　世の中の働き方や暮らし方が大きく変化してきている中で、今後、地方議員の兼業・副業のあり方も大きく見直されていくことが予想されます。その場合、報酬のあり方や議会の会議への出席のあり方なども、併せて検討が進められるでしょう。

Q17 常に公務最優先ですか？

A ご承知のとおり、公務とは私企業等で行われる業務とは違い、非常に重いものです。語弊があってはいけませんので補足しますが、公務も民間事業者の業務も、共にその重要性は同じです。ただ、私企業の業務は与えられた責任を全うしつつ、一定の成果を出すことが求められるので、代替的に日時や関与者をコントロールすることができますが、公務は定められた日程は唯一のもので、それに代替する行為は、別の日でも、別の人でも行うことはできないという意味で、とても重いものです。例えば、最近では子供の運動会などであれば、民間企業では有休を使うなどして休むことは可能ですが、議員が公務を欠席し、子供の運動会に出ていたとすれば、大変な問題になります。議員は選ばれた唯一無二の存在なので、仮に発言する予定がなくても、ないしは審議の結果は同じでも、その議員がどのような言動をしたのか、またはしなかったのか、どのような振る舞いがあったのかは、公的に意味があることなので、議員にとって一部の例外を除き、公務は最優先されるべきです。

では、どんなときが例外かというと、大きく3つあります。1つ目は、病気です。入院はもちろん、身体的または物理的に審議に参加することが明らかに困難な場合です。しかしこの場合、最近は東京都議会のようにオンラインミーティングなどを使うことで出席と見做すことができる（ただし、委員会のみで本会議は不可）条例を持つ議会も出てきており、今後その広がりがあるかもしれません。2つ目は、身内の葬儀です。社会的に大事な行事として、冠婚葬祭という言葉がありますが、あくまで葬儀、それも家族だけです。基本的に一親等以内で、配偶者や子、親に限られています。親戚、友人や恩師、または大切な後援会会長であっても認められません。最後に、出産です。これについては、2015年の法改正で決定されたことですが、これもご本人の出産、つまりは女性議員に限定されたものです。

3つ目の出産以外は、法律に定められていることではありません。あく

I　地方議会のあらまし

まで、議会内もしくは世間の常識として捉えられているだろうという範疇であって、法律的には議員は内規で欠席理由を議会に申し入れる必要があるにせよ、本人の判断で欠席はいくらでもできます。しかし、先に述べたように、公務は非常に重いので、法律上セーフでもいわゆる道義上問題化することは必至です。仮に世間で周知されれば、問題となり、懲罰や議員辞職勧告などを受けることになりかねないので、時間的には意外に窮屈な一面があります。

Q18　いわゆる族議員は地方議会にもいますか？

A　かねてより、族議員という表現が使われ、ネガティブな政治用語となっていて、主に国会に多く存在します。小学館の『精選版日本国語大辞典』によると、族議員とは「特定の政策分野に強く、かつ、特定の業界の利益を代弁する議員」と定義されますが、補足すると、「政官業の鉄のトライアングルで、議員は省庁の法案成立と業界の利益保護に協力し、一方で地元への利益誘導や政治資金を確保して、持ちつ持たれつの関係を作った」という、いかにも問題のある行為が付きまとった存在です。

　一方、地方議会では、国会で決まるような、業界団体の命運を左右するほどの案件がないので、先の説明にあるような鉄のトライアングルは存在しません。ただ、定義の一部にもあるように、特定の政策分野に強い議員はおり、その業界の事情にも精通していることから、業界団体の利益のためにというよりは、地域産業育成の観点で、足らざる部分を細かく指摘して改善していく議員は存在します。その議員が、その業界から政治資金を供されているか否かは一概にはいえませんが、地方議会の範囲という小さな規模であり、多くの議員が政治資金規正法の下できちんと処理しているはずなので、違法な利益を得ている可能性は低いと思います。地方議会であり得るとすれば、入札に絡む口利きなどは、時々摘発されますので、こちらは行われている可能性がありますが、国で行われてきたような族議員

の暗躍というのは、あまり考える必要はないでしょう。

Ⅱ　議員の日常

1　議員の日常（本会議）〜本会議と議会運営委員会〜

Q19　質問順序や質問時間はどう決めるのですか？

A　質問には、代表質問、一般質問、その他、委員会での発言などがあります。一概にはいえませんが、質問時間は大方設定されていると思います。定例会の開催日数は事前に決められているので、その日数から議員数で割り出していくのが一般的ではないかと思います。質問時間に関しては、一部、会派の人数に応じて代表質問の時間を長くしていくなど、時間の決め方は様々ですが、できるだけ公平に扱うという考え方は通底していると思います。しかしながら、その公平の捉え方も様々ですので、大会派から一人会派までその解釈が違ってきて、ルールを決めるときに対立することはあります。

　そもそも、時間制限はなぜ設けられているのでしょうか。かつては、時間制限が設けられていたとしても緩やかでありました。しかし、同じことを聞き方を変えて繰り返し質問して「議会質問時間№1！」などと宣伝に使う議員も出てくるなど、ルールが明確にないことを幸いに、好き放題やる議員が各議会には一人か二人いたことから、そうなったのだと思われます。

　質問順序についても、各議会の決め方は様々です。本会議における代表質問においては、毎議会、会派の人数の多いところから順次質問していくところもあれば、議会ごとに抽選したり、順序をスライドさせていったりというパターンがみられます。一般質問については、質問通告をする必要がありますが、その通告をした順がそのまま質問順になるところもあれば、

Ⅱ 議員の日常

より公平を期すため、質問通告締め切り後に抽選で順番を決めるところもあります。各委員会では、質問通告はありませんので、順番まで決まっている議会を確認することはできていませんが、あるのかもしれません。質問順序は、意外と重要です。やはり、質問が重なってしまうと、時には先に質問する方がスマートな質問となりますし、また重要な情報を先に引き出したということにもなります。注目の事柄であれば「◇◇市長が、○○議員の質問に対し、△△と答える」と新聞で取り上げられることもありますので、基本的に順序は先が良いという考え方があります。一方で、後の方が先の質問者の質問を踏まえ、より掘り下げた質問ができるというメリットがあるなど、様々な観点から、質問順序によって影響が生じるので、その取扱いも結構細かいルールが決められています。各議会、過去の事例を踏まえて、円滑な会議運営ができるよう、このような時間や順序などにも工夫がなされています。全国を探せば、もっといろいろなパターンがあるかもしれません。

Q20 議員の賛否は事前に決まっているのですか？

A 議会は、議案の審査をすることが重要な役割です。また、行政側にとっても議案の審査結果、つまり可決されるか否決されるかということが、一番注目されるところです。

議案は本会議から各委員会へ、その審議が付託されます。委員会では、審議が行われ、様々な質疑の後、採決が諮られ、委員会としての結論が出ます。さすがに委員会審議前の時点では、各会派の議案の賛否は不明のまま入り、委員会が進みます。委員会で採決を諮った後は、委員会の席を置く会派の賛否は明らかになります。委員会終了時点では、委員会に出席していない会派の態度（賛否）だけが不明という状態になります。

本会議を円滑に進めるため、議会運営委員会で進行の目途を立てていきますが、各会派の態度を事前に確認し、採決に際し意見があるかないかな

ど、前もって全体の流れを、議会全体で共有します。つまり、本会議の前に全会派全議員の賛否については、議会全体が共有している状態にします。

　本会議場の採決前の最終討論には、委員会に参加できなかった一人会派や少数会派が意見を言う場面があります。その際に、意見の締め括りに「区議会の皆様におかれましては、この議案の重大性に鑑み、今一度、自らの良心に問うていただき、賛成（反対）していただくことを切にお願いし、討論と致します」というセリフが入ることが多いです。しかし、人数を擁する会派にとっては、ここに臨む前にできる限りの情報を集め、何度も議論を重ねた上で出した重い結論なので、一人会派や少数会派と違って、もう一度考え直すということは、ほぼ不可能です。もちろん、想定外の状況変化や、全く知らなかった情報が入ってくるようなことがあれば別ですが、その場合は、議場で話し合うことはできないので、一度休憩を要請し、他会派に謝罪して理解を求めた上で、会派内で再び議論を始めるということになります。

　稀に、本会議場での採決の段階で、事前に議会全体で共有していた態度をひっくり返してしまう議員が現れます。単なるミスなのか、「確信犯」なのか、本人以外知る由もありませんが、本会議場での態度こそ正式なものですから、後で文句を言っても、言い訳を聞いても仕方ありません。ただ、議会内の信義に反することなので、軽々に繰り返すようであれば、議会として何らかの対応がなされるでしょう。

Q21　ヤジは禁止できないのですか？

A　地方議会でのヤジは、度々マスコミ等で問題視されます。確かに、人が真面目に話しているときに茶々を入れることは一般社会でも下品な行為として捉えられ、また子供たちにもしないように躾がされていることでもあります。議会運営上、動議など緊急的な発言の必要性があるので、その作り方には工夫が必要と考えますが、ヤジ自体を禁止する

Ⅱ　議員の日常

議会内のルールを定めることは可能だと思います。しかしそもそも、議会でのヤジを禁止するべきなのでしょうか。

　筆者は、ヤジがあった方がよいと思っています。議員の発言には、事実誤認のもの、行き過ぎた推測のもの、解釈が大げさなものなど、住民感覚と大きくずれた見解によるものが少なくありません。議員は言論のプロですから、「これこそ正義」と思わせるように話すことは朝飯前なので、静かに聞いていれば、それがあたかも真実のように、相場のように、また正しいように伝わってしまいます。他の議員の発言で納得のいかない内容が入っている場合、それを黙って聞いていれば、その発言について議会全体ではどう受け止めているのか、行政も住民も把握することができません。そういう意味でも、議事録に「ここで『それは違う』と発言あり」など、わざわざ記載されていることには大きな意味があるのです。

　議会は、言論の府です。しかし、現在の議会の仕組みでは、他の議員の発言への反論をする場面は用意されていません。自分の質問の中で、他の議員の発言の間違いや問題を指摘することはできなくもありませんが、反論された議員が更に反論する場は次の定例会に持ち越されることから、通常は自分の質問時間の中で、他の議員の発言についてネガティブに触れることは、自分の質問内容と関わりがある場合は別として、避けるべきことだと思います。つまり、現在の議会では、他の議員の発言に対して異論反論する機会は、基本的に用意されていないのです。そのことから、「それはおかしい！」などとネガティブなヤジを飛ばし見解の違いなどを表明する、もしくは「そのとおり！」とポジティブなヤジを飛ばし同意を示すことは、その時々の議会の反応として非常に重要な情報になります。

　しかし、すべてのヤジが許されるわけではありません。センスのあるヤジでなければなりません。ポイントは3つあります。まずは何といっても下品でないこと。発言者はもちろん、聞いている人を不快にさせる言葉はNGです。2つ目は、短く端的であること。指名を受けて発言している者の発言を妨害することは、議会人としてやってはなりません。そして、3つ目が、的確な内容であること。もう少しかみ砕くと、見解の違いや事実

誤認、不適切であることなどを指摘するもので、決して発言者自身や発言者の思想信条の核心を否定するものでないことです。

Q22 議会中の居眠りはやめさせられないのですか？

A　議会中に居眠りする議員は、決して少なくありません。そして、もちろん居眠りはするべきではありません。ただ、生理現象の1つなので、やめさせることは難しいです。議員にとって、どのような状態でも議場にいることは重要になるので、「居眠りした人は退場」ということもできません。

　そもそも、居眠りが多いのはなぜでしょうか。実は、筆者も居眠りしたことがあるので分かりますが、眠くなってしまうイメージとしては、一度聞いたことのあるラジオを朝から夕方まで椅子に座って何日か聞くという感じに似ています。もちろん、実際やったことはありませんが。

　議員を数期経験すると、会派名と質問項目を見れば、どんな質問で、行政がどう答弁するか、事前に分かってきます。逆に、この質問はどのような内容で、行政はどう答えるのか、どうしても気になるようなものもあります。そんなときは、寝ろと言われても眠ることはできません。議員によっては、ばっちり魂が籠っている質問もあれば、質問すること自体（議事録に載せること）が目的で行政からの答弁も全く期待していない、何のためか分からない質問も少なくありません。そんな質問にはヤジすら飛ばしたくないですから、黙って聞くしかありません。黙って聞く場合は、何パターンかの目線があります。長や議長、理事者の表情を見る。または、机上にある質問項目のプリントを見つめる。そして、ただ目を閉じる。何時間の間にそのパターンを繰り返している中で、目を閉じているときに眠りに入ってしまうことがあるのです……。

　また、しゃべり方によるものなのでしょうが、ある議員が質問を始めると、数分以内で議場にいるほとんどの人、傍聴に来ている人までもが必ず

Ⅱ　議員の日常

眠ってしまう、凄腕の催眠術師のような議員もいます。

　さて、以前、姉妹都市交流で、オーストリアの市議会の本会議を視察したことがありました。その議場の様子には、とても驚きました。そこでは、壇上で発言している議員がいる中、それを笑って聞く議員もいれば、何かヤジらしき言葉を発している議員もいる一方で、パソコンで何やら懸命に打ち込んでいる議員もいれば、自席から立ち上がって理事者席に歩み寄り、談笑を始める議員までいました。学校でいえば学級崩壊のようなものでしょうが、たぶんそれでも議会は機能しているのだと思いました。そういう意味では、我が国の議会は、非常に堅苦しく、議場内では自席から身動きが取れない、ヤジ以外に余計なことはできないということが居眠りにも関係しているのではないでしょうか。時代が変わり、次世代の議員に次々と代わってくれば、議場内の作法も変わってきて、もっと時間を有効に活用できる時代になるかもしれません。

Q23　とんでもない議員をクビにすることはできますか？

A　住民の前で見せる姿と全く違って、議会内では常識が通用しないとんでもない議員は、残念ながらいます。たぶん、多くの議会に存在するのでしょう。そういった議会では「あの議員が辞めてくれたら、随分と議会運営がスムーズにいくのに」と思ってしまう議員も少なくないと思います。議員はそれぞれ、選挙で当選してきて自らに責任をもつ独立した存在ですが、権限はあくまで議会に付与されており、議会内の調和があってこそ、議会としての権威を高めることができます。もちろん、とんでもない議員の言動が気に入らなくても、自治体のため住民のために行われているとすれば、理解しなければなりません。しかし、自己保身、我田引水のために行われている形であるなら、一人の勝手な言動で議会の調和が崩れるのは、悔しいことです。ただ、議員は選挙を経て住民から正式に選ばれた公職なので、いくら議会にとって迷惑な存在でも、やめさせるこ

とは非常に難しいです。

　そういう中で、議会にとって看過できない言動が発生した場合、議会として追及する主な方法を2つ紹介します。1つは「懲罰（**Q24**で解説しています）」、もう1つは「辞職勧告決議」です。分かりやすい切り分けとしては、議会内の問題の言動は「懲罰」、議会外での言動による問題は「辞職勧告決議」で対応します。

　「懲罰」については、議会のルールを無視するなど議会運営に支障をもたらした場合などに手続きを進めることになります。その「懲罰」の中に「除名」という重い処分があります。ただ、地方議会で下された事例は、ここ約30年の全国平均で年間にわずか1名です。ちなみに国会では、2023年のガーシー参議院議員の除名が記憶にあるのではないかと思いますが、この時も除名について適切かどうかの議論がありました。「懲罰」の濫用が多発しているということが社会問題として持ち上がっていることもあり、また除名した場合は裁判で争うことになることから、「とんでもない議員」というレベルでは、地方議会で除名処分を下す期待は持つべきではないと思います。

　もう一方は、「辞職勧告決議」です。議会内で問題を起こす議員は、外部でも何らかの問題を起こしている可能性もあります。「辞職勧告決議」はそのような議会外での犯罪などに対応し、住民からの議会の信頼を失墜させる行為として、決議するものです。全国の具体例では数多くあり、理由としては主に、強制わいせつ罪や飲酒運転、収賄罪など、刑事事件に関係するものが多くみられます。ただし、この「辞職勧告決議」は地方自治法上認められたものではありませんので、法的拘束力が全くないものです。実際に辞職するかどうか、議会の意思にどう応えるのかは、本人の判断に委ねられることとなります。

Ⅱ 議員の日常

Q24 懲罰はどのように行われますか？

A 議会は、自治体の意思決定の場としてとても重要であり、盛んな議論を行いながら結論を出す場です。その運営は、行政にコントロールされることなく、自立した運営で行われなければ健全な議論は期待できません。その重要な視点は、「言論の府」にふさわしい規律や秩序の維持です。議会に秩序がなく、規律が守られていない状況が続けば、議会に対する住民からの信頼は失墜し、議会の力が発揮されないことにつながります。

各議会には、党派に所属する議員から無所属の議員まで、それぞれの地域や支援者をバックに個々が独立した議員という立場ですので、様々な対立やすれ違いが生じやすいことも事実です。そういったそれぞれの背景を持った議員が集まって、議論を重ねていくにはルールが必要であり、そのルールを守らなかった場合の制裁の決定も自律した議会自らが行わなければなりません。その制裁の1つが、懲罰です。

懲罰には、「戒告」、「陳謝」、「出席停止」、「除名」の4つがあります。

戒告	最も軽い懲罰で、本会議において、議長から当該議員に向けて戒告文を読みます。
陳謝	本会議場で、議会が作成した陳謝文を当該議員が朗読します。
出席停止	本会議や委員会への出席を一定期間禁じられます。
除名	最も重い懲罰で、議会から除名されます。

※ 除名を決定するには、議員3分の2以上の出席と4分の3以上の同意が必要になります。

地方自治法には、この懲罰についての規定があります。また、その具体的行為として「議場の秩序を乱す」「会議を妨害する」「無礼の言葉」「他人の私生活にわたる言論」「侮辱」という事柄が示されており、標準会議規則の中で「議会の品位を重んじなければならない」と規定されています。

実際に議会にとって問題視される言動が生じた際に、こういった法律に

示された規定に該当するか否か、また、どのような懲罰を下すのが適切かどうかは、各議会の判断になります。

　懲罰はそう多く出るものではありませんが、議会によっては多く出るところもあります。つまり、懲罰という手続きが法律上ありますが、運用するかどうかは、あくまでその議会の自立した判断に任せられているので、わずかなことでも問題視する厳しい議会があれば、あまり事を大きくすることを避ける議会もあり、それらは現状、我が議会にとってどう対処するのがベストか、総合的に考えられた上での判断がなされているのだと思います。

　実際に最も多い懲罰の事由は、「暴言・侮辱」によるものだと思われます。もちろん、中には、無視して流してしまうこともありますが、「馬鹿野郎・阿呆」、「嘘つき・詐欺」、「どろぼう」などという言葉を会議の場で発した場合、また、そのような言葉を用いて同僚議員や特定の住民を侮辱する発言をした場合に、懲罰に発展することが多く見受けられます。

　朝日新聞が2023年の統一地方選挙前にアンケート調査した結果によれば、2022年12月末までの4年間で38都道府県の47市4区28町4村、計83議会（全体の約4.6％）で懲罰動議が提出されていたようです（発議があった件数であり、懲罰が決定された数字ではありません）。内容としては、同僚議員を脅迫し執行猶予付きの有罪判決を受けた事例や、同僚議員らへの暴言や侮辱、議会の無断欠席などを理由に議員の資質が疑われたケースが多くあったようです。一方、非公開の会議の運営方法に疑問を投げかけた議員が、秘密を漏らしたとして懲罰が決定されるなど、（詳細な内容や事の経緯を理解した上でないと判断できませんが）多数派による一方的なレッテル貼りが行われたのではないかと疑念を抱かせるような事例もあります。秩序を保ちつつ、より成熟した議論が行われる議会を築き上げるには、懲罰などの同僚議員への対応を公平に行うことのできる良識とその土壌が議会に求められます。

Ⅱ　議員の日常

Q25 懲罰に対抗はできますか？

A　懲罰は、簡単にいえば、多数の論理でもあります。それが公平かつ良識に基づくものがほとんどであると思いますが、もしかすると、そうではない場合もあり得ます。住民の代表である議員を別の議員が処分するということは、非常に重く、慎重にしなくてはなりません。しかし、その決定の是非は「除名」を除き、あくまで議会内の自律した行為として捉えられ、司法の場で争うことは難しく、最終的には次の選挙まで待ち、その判断の是非について住民に委ねるほかありません。

翻って「除名」については、選挙を経て決定した住民代表である議員の身分を剥奪するという重さから、司法の場で争うことができます。懲罰の手続きは、それぞれの議会の会議規則で定められていますが、おおよそ次のような流れになります。

① 定数の8分の1以上の議員からの発議（問題の言動が生じた日から3日以内）
② 懲罰特別委員会を設置し、議会から議案を受託
③ 懲罰特別委員会での審査
　※懲罰は、議員活動に大きな影響の出る決定であることから、より公平を期すため、その審議や決定に際し、当該議員、または他の議員により弁明を行う機会を得ることができることとなっています。
④ 本会議場で懲罰特別委員会の報告
⑤ 採決（「除名」を除き、過半数で可決）

2 議員の日常（審議と委員会）〜常任委員会と特別委員会〜

Q26 委員長はどのように決まるのですか？

A 委員長は、委員会内の互選で決まります。しかし、多くの議会では、委員長、副委員長ポストは事前に調整されていて、委員会で決定するという手続きの形をとるだけのところがほとんどです。委員会で正副委員長を選出する場合の流れとしては、まず年長委員が臨時委員長を務め、委員長の互選について意見を委員に聞きます。一委員からすでに根回しが済んでいる委員の名前を「○○委員を委員長に」との発言で推薦します。臨時委員長が「委員長には○○議員という意見がありましたが、ご異議ございませんか」と諮り、「意義なし！」で委員長が決定されます。正式に委員長になった者が臨時委員長に代わって委員長席に付いてから、引き続き副委員長の互選を行います。この場合、委員長選出と同じ形で行う場合もあれば、委員長からの指名によってそれを諮る場合もあります。全国にはその他の選出方法があるかもしれませんが、大方このような形です。ちなみに、正副委員長には必ず（といっても物理的にできない場合はありますが）2名以上出している会派から選出されます。というのは、委員長も議長と同じく会議の仕切り役であり、賛否や意見を表すことができないからです（やむを得ない場合は、委員長の席を外し、副委員長の仕切りの下、賛否意見を表明することもできます）。賛否も意見表明もできず、委員会に出ていながらその会派の態度が分からないというのは困ります。委員会の会派割り当てと正副委員長ポストは、そういった面も加味しながら、組み立てられていきます。

II 議員の日常

Q27　1分で終わる委員会があるって本当ですか？

A　数分で終わる会議は本当にあります。手続き上、ある時点までに委員会を開催し、決裁を取らなければならないことがある場合などが出てきます。「そんな短時間の会議で給料を払うのはけしからん」というお叱りの声もありますが、そう多くあるのではなく、ほとんどの委員会は議案審査から行政報告など、時には夜になるまで行われることも少なくありません。短時間で終わる例でいえば、正副委員長を決定する委員会がありますが、ほとんどの場合、その決定だけが議題であり、5分程度で終了します。これは、基本2年に一度です。

このほかにも、結果は決まっていますが、委員会で承認を取らないと前に進められない事案はたまに出てきます。ただし、費用弁償や速記者の手配などコストがかかることを考え、議会費を抑える観点から、議会で他の行事や会議が開催されている日程などに合わせるなど、コストを最小限にするよう努められています。

Q28　なぜ、議員同士で議論しないのですか？

A　通常の議会審議は、議会側から行政に質問するという形式です。議員同士の直接の討議は、仕組みとしてありません。近い形であるとすれば、意見の違いを質問の中で、もしくは本会議場で行われる討論という意見表明の中で、表現することぐらいです。現在全国の議会では、議員間で議論が行える仕組みとして、議会基本条例において、議員間討議という仕組みを設置したところも出てきています。

議員間の議論が重要視されていないのは、なぜでしょうか。そもそも議会は、行政のチェック機関としてその存在意義があります。ですから、執行権のない議員同士が議論しても、あまり意味がないという考え方がある

のだと思います。権限のない者同士が責任のない言論を戦わせても何も変わらないということです。大事なのは、意見が違えどもそれぞれが住民の立場に立って、行政をチェックし、質していくことだからです。

　もちろん、議員間討議を全く否定するものではありません。具体的テーマで、党派を超えてどうしたらよりよい計画にできるかなど、意見を出し合うことは、行政とはまた違った目線で地域を捉えている議員こそができることだと思います。ただそれは、討議という形ではなく、意見交換の場という緩やかな形の方が適していると考えています。議員間討議というものの実施は、簡単ではないと思います。実際、筆者が行った議会基本条例を制定している議会事務局へのアンケートでは、仕組みは作っても機能していないところがほとんどでした。具体的な意見としては、議員間討議を実施しても、「論点が定まらず、議員同士の議論がかみ合わない」「討議というより、それぞれの議員の要望や意見表明で終わる」「関心の高い議員とそうでない議員とでは議論が深まらない」「期数の若い議員はベテラン議員に遠慮してしまう」といった具合です。これらも、インターネット配信などを行い、住民が注目している舞台にすれば変わるかもしれませんが、議員同士の討議が議会に何をもたらすのか、という点も共有できていない現状では、その効果を高めることは難しいと思います。

　国会では、政権を持つ議員とそれに対立する党の議員が、本会議や各委員会の中で丁々発止やっていますので、住民もそういったものを見慣れてしまっているのでしょう。そういう場面と比較すると、現在の地方議会は物足りないとの印象を持たれたり、もっと議員同士の議論を真剣にやってほしいと思う有権者が多いのも、理解できるところです。でも、二元代表制の議会と、議院内閣制の国会とでは、その仕組みに大きな違いがありますし、地方議会はイデオロギーの対立ではなく、「私たちのまちを一緒によくしていこう」という同志であるべきことから、国会とは違った議会活動を作っていくことに理解を広げてもらいたいと思います。

Ⅱ 議員の日常

Q29 請願・陳情のより良い提出方法はありますか？

A 請願や陳情を出そうとする住民は、大方使命感が強く、ガッツもあって、勉強熱心でもあり、時々そのパワーに圧倒されます。ただ、そのパワーだけでは良い結果を出すのが難しいのも議会です。議会に請願や陳情を出し、しっかり成果を上げるには、議員との適正なコミュニケーションと調整が必要です。提出される請願・陳情は、おおむね4つの評価ができます。議会として「賛成せざるを得ないもの」、「うまくやれば賛成することができるもの」、「賛成したいが賛成しづらいもの」、「どう書き換えても賛成できないもの」に分かれます。年間数多くの請願・陳情が議会に提出されますが、実はほとんどが「賛成したいが賛成しづらいもの」になります。

また、請願・陳情の取り扱いについては、「採択」、「趣旨採択（一部採択・意見付き採択）」、「不採択」、そして「継続」のどれかの結論になります。「採択」であれば議会の意思として行政に何らかの対応を要請することにつながりますので、大きな成果です。「趣旨採択（一部採択・意見付き採択）」は、内容に何らかの不備や無理があったものを除外した形での採択なので、その内容によっては、陳情した方々の本意に届いていない結論になっているかもしれませんが、基本的に議会としてその請願・陳情の思いに賛同したことになります。「不採択」となったら、良い結論ではありません。相手がいる内容であれば、相手に利する結果となります。以上の3つの結論となった場合には一時不再議となり、あらためて審議をすることはできなくなります。たまに、同じ陳情者が表題や内容を変更して同趣旨の陳情を出されることがありますが、この場合も一時不再議にあたるとして議会が受け付けない可能性があります。

「継続」とは、引き続き審査をしていこうということで、建築紛争などに多くみられます。これも成果が得られなかったという捉え方をされることが多いですが、そう悪いものではありません。実は、審査を継続すると

いうことは、議会としても重要な案件であり、引き続き注視していきたいという表現でもありますので、むしろその重要性が認められたことになるからです。

　また、会派によってもその取扱い方に違いがあるので、内容によりますが、はじめに相談する会派をどこにするべきかを見極めていかなければなりません。かなり大雑把にいうと（これも筆者の経験によるものなので、一般論ではありませんが）、保守系の会派であれば、相談された以上、文言の修正や今後の進め方をアドバイスするなど、不採択にならないようにすることに努めます。その代わり、より現実的な選択を勧めたり、行政が支援できるように内容の変更をお願いする可能性があるので、少しでも良い成果を導き出したいという陳情者向けだと思います。逆に革新系は、進め方の助言はあっても、文言の修正など内容に踏み込んだアドバイスはあまりしません。しっかり相談すれば、その議員の質問に取り上げてもらったり、審査の中では最後まで応援はしてくれると思います。しかし、成果を出せるかどうかという点では期待薄です。結果はどうであれ、とにかく自分たちの思いを伝えたいと思っている陳情者向けだと思います。

　文言の修正については、やはり法律的にできないことは絶対に採択できません。このため、陳情内容には行政としてできる範囲のこと、またどうしてほしいかがある程度理解できる内容にしておく必要があります。不満や怒りが優先すると、どうしてもその思いを表現するために内容も前のめりになりがちなので、そこは修正できる余裕を持つことが肝要です。

　ちなみに、署名を集めて提出する場合、「内容の文言の書き換えについての了承」を事前に取っておくとよいと思います。内容の大幅な変更であれば署名の取り直しになりますが、趣旨が同じであれば修正は可能です。

Ⅱ　議員の日常

3　議員の日常（調査活動）～調査活動（議会内、議会外）～

Q30　地方議員の調査活動はどのようなものがありますか？

　　　　調査活動は多岐にわたります。
① 自治体の行政計画及び運営全般の状況確認
② 新規の条例や取り組みにおける先進自治体の状況調査
③ 公共施設の利用状況と利用者の声の把握
④ 自治体職員の執務環境に関する状況の把握
⑤ 公共施設や道路など新規整備に関わる地域の状況の把握
⑥ 他自治体の施策とその成果や課題の把握
⑦ 国や都道府県の計画や新規事業の内容確認
⑧ 自治体運営に関わる民間企業の新しい技術やサービスの調査
⑨ 地元中小企業の状況と課題の把握
⑩ 地域住民の自主活動の状況と課題の把握
⑪ 地域住民の要望や苦情の情報収集
⑫ 陳情等の新規の議会案件にかかる情報収集

　これらをすべてこなすことは非常に困難なので、その時々の優先順位を決めて、計画的に行うことが求められます。

　いつも気にして時間を取るべきは、①②⑪で、次に⑦⑧という優先順位が一般的だと思います。特に、⑦に関しては自治体が使える国や都道府県の様々な取り組みについて自治体担当者が十分に把握していないことがたまにあるので、党所属であれば党所属の議員らにお願いをして国や都道府県の担当者から直接、説明を聴く機会を作った方がよいと思います。

Ⅱ 議員の日常

Q31 調査活動にはどれくらいコストがかかりますか？

A 一般的には政務活動費で賄えますが、政務活動費を使えない支出もあります。例えば、国や都道府県、他自治体に調査に行ったときは、仲介していただいた方や実際に対応していただく先に手土産を持っていきます。しかし、手土産は政務活動費として処理することはできませんので、これは自腹になります。また、調査活動をより深く行っていくには、食事を一緒に取ったりしながら話を聞くことが有効な場合がありますが、そういった飲食代には、調査活動であっても政務活動費には当てません。

飲食費という点では、最も費用が掛かるのは、新年会などの地域行事への参加です。それ以外でも地域の方から様々な声を伺うことは可能ですが、地域の方が本音を語っていただく関係づくりをするには欠かせない場であると思います。信頼関係を構築していく足掛かりにもなりますので、議員という立場でしっかり参加しますが、基本飲食が伴うことから、その費用はもちろん自分持ちです。ただし、これらの例も議会によっては一部認めている可能性もあります。

他の自治体の議員から聞いたところ、各町会の新年会などに出席するのは、議員も大変だろうからということで、町会連合会の集まりだけ来てもらうという方式をとっているところもあるそうです。確かにそれは金銭的には助かりますが、我々が各町会の会合に出席するのは町会長に挨拶するためというより、町会で頑張られている地域の方と顔見知りになり、いろいろなお話をしたいためなので、ありがたいようで、少し違うような気がしました。しかし、関係する各町会や、各種産業団体などを含めるとかなりの数になり、時間もお金も大変なコストになっていることは間違いありません。これも、時代とともに変わってくるかもしれません。

Ⅱ 議員の日常

Q32 政務活動費はありがたいですか？

A 活動資金として、政務活動費はありがたいといえばありがたいのですが、ほとんどの地方議員には秘書がいませんから、金額によってはその使用計画を立てることはもちろん、会計処理に苦労しているようです。日ごろから領収書の管理ができている議員は素晴らしいですが、多くの議員は提出間近に慌てて作成していると思います。そうなると、帳簿を作って、領収書と照合し、その際の活動内容の記載などをするのですが、一番大変なのは、計上の可否の仕分けをしっかりやることです。

なお、政務活動費を交付していないところもあれば、最高額の横浜市は月額55万円の交付があるなど、額には大きな開きがあります（図表１－９）。無理して目いっぱい交付額を使う必要はありませんが、交付額は、その自治体議員の活動を加味して算定されていることから、一定程度の政務活動を要求されていると解すべきであり、民間シンクタンクや大学等の研究室等との連携など、交付金額に見合った調査活動の質と量を整えていく必要があります。

図表１－９　市区議会及び町村議会の議員が受け取る政務活動費（月額）
平成29年12月31日現在

政務活動費を交付している市区議会		
１万円未満	46	3.10%
１～２万円未満	238	33.10%
２～３万円未満	169	23.50%
３～５万円未満	118	16.40%
５～10万円未満	78	10.90%
10～20万円未満	47	6.50%
20万円以上	22	3.10%
全718		

政務活動費を交付している町村議会		
５千円未満	17	8.90%
５千円～１万円未満	73	38.40%
１万円～１万５千円未満	66	34.70%
１万５千円～２万円未満	13	6.80%
２万円以上	21	11.10%
全190		

国立国会図書館発行「調査と情報―ISSUE BRIEF―第1053号」（2019.4.11）を基に筆者が加工作成
※構成割合は交付されている議会数の中での割合。全国では交付のない議会が約100議会ある。

Ⅱ　議員の日常

Q33　視察は必要ですか？

A　当然必要だと思います。視察不要論でよく言われることは、「今は各自治体の広報は充実しているし、新しい取り組みや成功事例はインターネットで詳しく述べられているので、わざわざ行く必要はない」というものです。しかし、そういった情報源に書かれていない実態が結構あり、それを現地で確認を取ることが大切だからです。

それに対し、「電話やオンライン会議で済むではないか」と返ってくることがありました。確かに、それで確認できることもありますが、それで本当に全体を理解することができるでしょうか。やはり、直接現場の様子を見て、現場の職員と話をして、担当者に様々な観点から質問をすることで、実際の状況がつかめるのです。もちろん、相手によっては、なかなか実態に触れないような説明を繰り返す職員に何度も当たりましたので、必ず成果になると断言することはできませんが、直接現場を見る、担当者と話しその反応を見ることで、おおよそ理解できてきます。

以前、常任委員会で「自治基本条例」の導入自治体に視察を行ったときのことです。担当者から条例の成り立ちや制定時の状況、具体的取り組みなど、ひと通り説明を受け、同行委員の多くから「我が自治体でも、一日も早く導入しましょう」といった発言が聞こえてきました。しかし、その後の雑談に移ると「実際は、結構問題がある。議会の存在とどのように整合性を図るのか未だ模索中だが、一度始めてしまった以上、後にも戻れず……」という言葉が出てきました。どのサイトの情報を見ても素晴らしいという内容ばかりで、そういった実情は一切書かれていなかったため、視察の意義を感じた出来事でした。

一方、視察の内容によっては正直全く興味が沸かないものもあります。かつては、そういう視察はもったいないと考えていたこともありましたが、それでも別の委員が興味を持つ分野ですから、その施策の意義を理解することは大事ですし、実際、興味はなかったが、とても良かったということ

Ⅱ 議員の日常

で政策に盛り込んだものもありました。

　また、委員会の行政視察は、会派を超えたメンバーが共に年に一度視察するという大変貴重な機会です。視察時には、会派も期数も超えて地元から離れた地で、数日過ごすことになります。視察自体真剣に取り組みますが、視察先ではそれぞれ他の用事は基本ありませんし、移動時間や夕食の時間などは共に過ごす特別の時間になります。議会での感覚とは違って、プライベートな話やかつての質問についての話など、本音でいろいろ話をすることになります。ここで得た関係は、単に個人的な関係にとどまらず、議会においてお互いを尊重し、議会を通じて共に我が自治体を発展させていこうという原動力になります。これは、視察のとても重要な副産物だと思います。

4　議員の日常（広報活動）〜目的と使用規定〜

Q34　議員の広報活動にはどのようなものがありますか？

A　議員の広報活動には、議会報告紙の配布、街頭演説、ホームページ、各種SNSなどがあります。

　議員は、広報活動を通じて広聴活動を充実させていきます。議員も所詮、自分の周囲のことしか分かりません。住民の視点や感覚を知るために、一人でも多くの住民から本当の声を聴くことを続けていく必要があります。とはいえ、こちらが求めても簡単に語ってくれることはありません。議員の広報活動は、まさにこういった一歩踏み込んだ住民の声を聴く大切なツールです。ですから、その報告の中身はしっかり作る必要があります。それは、議員個人を宣伝する目的の内容では意味がないのです。街頭演説をしたり、議会報告を配布したりすると、「こんな宣伝に税金を使うのはやめてほしい」と言われることがあります。これも1つの声ですが、記載した内容に対し、賛成・反対、また、関連する地域の課題などを聴くことができ

れば、これぞ広報の成果です。

　街頭演説は難しいです。例えば、駅前で演説を行っていても、住民の皆さんはそれぞれ自分の活動があって駅を通過するわけですから、ゆっくり聞くことはできません。遠くから声が聞こえて、しっかり聞ける時間は30秒足らずではないかと思います。その中で、その住民に関心を持ってもらえるようなことを伝えなければなりません。たぶん、ほとんど内容は理解されていないのではないかと思います。ただ、「こういう議員がこの地元にいるのか」と思ってもらえることも広聴活動につながるので、全くの無駄ではありません。

　また、議会報告紙の配布については、非常に重要です。筆者の場合、支援者を中心に郵送し、時にエリアを定めて全戸配布を行ったりしましたが、やはり、普段から積極的に関わってくださる方の反応は重要です。普段から応援して厳しいお言葉をいただくこともありますが、自ら政治に関わってまで、まちのこれからに意識を持っている方々ですから、そのご指摘は十分に把握しておくべきです。逆に、ホームページやSNSといったインターネット上の広報は、これまで直接接してこなかった層の方とつながる重要なツールになります。ここからの新しい出会いは、とても面白いと感じています。会うことになる方もいれば、ネット上だけで意見交換をしている方もいます。会わない分、余計な気遣いも生じないので、向こうもこちらもストレートに伝えることができるという関係は、新しいと思いました。住民と議員、もしくは住民と公共との接点は、これからも広報活動がきっかけになりますから、工夫を重ねながら力を入れていってほしいと思います。

Q35　議会広報があるのに議員広報も必要ですか？

　議会広報も議員の議会報告も、共に議会で行われたことを住民に伝えるという目的は一緒ですが、その内容も作りも全く違いま

Ⅱ 議員の日常

す。議会で作る広報誌は、議会内の組織された広報委員会が作成します。基本的には議会事務局が素案を作り、委員会の意見で若干の修正を加えることもありますが、全議員の了承の下、発行されます。ポイントは、全議員に公平に、かつ正確さを重視して作られているということです。つまりは分かりやすさとか、関心を高めるための工夫(レイアウトや写真などの工夫はされていますが)などには重きを置いていないのです。また、問題提起型ではなく、あくまで報告型であることです。どこかの会派や議員から文句が出ないよう、そして文言1つとっても間違いがないことが基本です。そこには議員一人ひとりの質問概要が記載されますが、その議員がどんな考えであるのかは伝わってきませんし、むしろそういう余計な情報はない方がよいとされています。ですから、議会広報誌の見方はあくまで「自治体では何が課題でどんな取り組みがなされようとしているのか」、そして「議会はどんなことを議論しているのか」という事実を知るためにあると思います。

　一方、議員の発行する議会報告は違います。その議員が「自治体の課題をどう捉え、どういう解決策が必要なのか」、そして「議会での質問の意味と、それに対する執行機関の答弁をどう評価すべきか」を住民に伝え、一緒に考えてほしいという趣旨のものです。議会広報誌をご覧いただければ分かりますが、各議員の「どうしようとしているのか」という質問に対して、行政の「こうしようと思います」というやり取りだけで、本当の論点はみえてきません。もっといえば、住民参加が深まらない紙面になっているのです。

　自治体の中には、民間事業者に作成を委託し、より購読してもらえる議会広報を推し進めているところがあります。また、最近では、議会独自でSNSの発信をしているところも増えてきました(図表1−10)。議会事務局が相当頑張っているのだと想像します。新しい取り組みにより議会広報を発展させることは重要ですが、それでも個々の議員の議会報告が必要になることは間違いありません。

Ⅱ　議員の日常

図表１−10　フェイスブック・X（ツイッター）等による議会の情報発信の状況

令和5年12月31日現在

全市の発信状況（対全815市）	
人口段階別	発信している
5万人未満　　300	148（49.3％）
5～10万人未満　235	125（53.2％）
10～20万人未満　148	100（67.6％）
20～30万人未満　48	35（72.9％）
30～40万人未満　30	19（63.3％）
40～50万人未満　19	13（88.4％）
50万人以上　15	12（80.0％）
指定都市　20	16（80.0％）
全市　815	468（57.8％）

発信している自治体のメディア別割合（対全468市）						
FB	X	メルマガ	LINE	インスタ	Youtube	その他
72(48.6%)	28(18.9%)	5(3.4%)	42(28.2%)	9(6.1%)	88(59.5%)	7(4.7%)
58(46.4%)	34(27.2%)	10(8.0%)	40(32.0%)	5(4.0%)	63(50.4%)	9(7.2%)
53(53.0%)	31(31.0%)	11(11.0%)	32(32.0%)	11(11.0%)	53(53.0%)	11(11.0%)
20(57.1%)	18(51.4%)	5(14.3%)	11(31.4%)	1(2.9%)	14(40.0%)	5(14.3%)
14(73.7%)	10(52.6%)	3(15.8%)	10(52.6%)	3(15.8%)	12(63.2%)	5(26.3%)
6(46.2%)	5(38.5%)	1(7.7%)	3(23.1%)	1(7.7%)	2(15.4%)	0(0.0%)
4(33.3%)	9(75.0%)	0(0.0%)	6(50.0%)	0(0.0%)	6(50.0%)	1(8.3%)
11(68.8%)	8(50.0%)	0(0.0%)	6(37.5%)	2(12.5%)	12(75.0%)	0(0.0%)
238(50.9%)	143(30.6%)	35(7.5%)	150(32.1%)	32(6.8%)	250(53.4%)	38(8.1%)

全国市議会議長会　令和6年7月「令和6年度市議会の活動に関する実態調査結果」を基に筆者が加工作成

Q36　ホームページすら持っていない議員がなぜ当選できるのですか？

A　今やホームページを持っていない議員は少数派だと思いますが、仮に持っていたとしても4年に数回しか更新していないという議員が結構います。そんな議員でも、立派に当選できるのが地方議会です。どちらにしても、ホームページは議員活動を進める上で1つのツールにし

Ⅱ　議員の日常

か過ぎませんので、それがないとしても、その他の活動で住民からの支持を集めていれば全く問題はありません。

　日ごろからマメに地域の方々と交流し、身の回りの課題解決に力を入れていれば、それこそネット上だけで活発に発言している議員よりも、よっぽど身近に感じますし、頼りがいがあります。ただ、スケールの問題はあると思います。有権者数が多い自治体の選挙では、日ごろからネットを活用している議員は当選しやすく、そうでない議員はギリギリの選挙になる傾向はありますが、むしろ小さな自治体であれば逆の可能性が高いです。

　議会広報は重要であり、様々なツールを組み合わせて行うことが求められていることは間違いありませんが、議会の中での活動はもちろん、地域の中での議員活動をしっかりやりながら、議会報告を多面的に展開するのは、かなりしんどいことでもあります。そういう意味では、議会報告において、すべてのツールを使うことよりも、より少ないツールで表現する工夫の方が大事だと思います。時代は本当に変化しています。良い悪いは別にして、今や、地域での活動もほとんどなく、さらにホームページがなくても、SNSだけで当選できる方が出てくる時代でもあるからです。

Q37　広報活動と称して選挙活動をしているのではないですか？

A　「税金を使った選挙活動は結構！」。議会報告紙を配布すると、時々言われることの1つです。確かに、選挙活動の一環といえる部分もありそうですが、筆者の場合は、自分の顔写真や名前を大きく掲載するでもなく、また、「これを私が実現しました！」という実績を強調（もちろん、それが悪いわけではないと思いますが）することもなく、ただ、自分の主張だけは明確に書くといった内容だったので、あまり選挙活動と結びつく議会報告ではなかったと思っています。

　一方、多くの議会報告紙は、顔と名前が大きく印刷され、自身の主張よりも、輝かしいプロフィールや議会を通じての成果を中心とした内容です。

Ⅱ　議員の日常

その方が読んでもらえる確率が高く、印象に残るという意味で100％悪いものではないと思います。実際、私の支持者からは「あなたの議会報告紙は文字ばかりで、読みたくないと思われるはず。ほかの議員さんみたいに写真を並べて頑張っている姿だけで良いのに」と言われてばかりいました。しかし、議会報告紙を通じて一緒に考えてもらう住民と一人でも多くつながりたいと考えて発行していたので、目を引くだけの議会報告紙は、非常にもったいない使い方だと思えてなりません。ただ、筆者の場合は、業者に頼まず自らパソコンで作っていたこともあり、レイアウトが悪かったことは大きな反省点です。一方で、「あなたの議会報告紙はとても分かりやすい。私の知らない自治体の課題について知ることができました。ありがとう」というお言葉をいただくこともたまにありました。私が議会報告に求めているのはこれです。

　議会報告については、様々な見方があると思いますが、広報活動は選挙活動ではないので、支持を得ることにこだわらず、議会報告を通じて、広く多くの人々に自治体に関心を持っていただき、これからを一緒に考えていただくことを目標に発信していくことが重要なのではないでしょうか。

5　議員の日常（政党活動、地域活動）〜政党所属、無所属、地域活動〜

Q38　地方議員は国会議員の部下ではないのですか？

A　世間的にはそういう風にみられる傾向がありますが、違うと思います。ただ、政党によってはそういう面があるようにも聞いていますので、全く違うとはいい切れません。それでも、部下というのはおかしいと思います。地方議員は選挙で有権者の支持を集め、議員になったわけですから、政党所属であることや、国会議員の後ろ盾が勝因であったとしても、地方議員という立場は固有のものです。国会議員も同じように選挙を通じて有権者にその地位を与えられ、また、地方議会とは全く別次

Ⅱ 議員の日常

元の大きな課題を背負い、日々取り組んでいることも含め、敬意をもって接することは当然のことだと思います。

　むしろ、保守系の世界では、地方議員の方が一面的には幅を利かせています。これは決して良いこととは思いませんが、ある意味道理にかなっているのです。保守系の国会議員は空中戦（様々な広報活動）だけでは当選できず、地域のネットワークを十分引き出した選挙が必要になります。そして、その地域をしっかり押さえているのが地方議員であることから、舞台裏では頭が上がらず、むしろご機嫌伺いをしているということも少なくありません。もちろん、地域行政をしっかり進めていくには国の政策や施策も必要となりますので、地方議員が国会議員にお願いすることはたくさんあります。

　翻って、革新系は空中戦や組織動員が主体の選挙なので、国会議員の立場は非常に強く、そちらでは部下のような扱いに近い可能性はあります。どちらにしても、政治家にとって、選挙のあり方が関係性に大きく影響するのだと思います。

Q39　政党所属の議員は無所属議員より楽ですか？

A　筆者は両方経験していますので分かりますが、単純に聞かれれば、楽なのは間違いなく無所属議員です。ただし、どんな仕事でも、楽か否かの指標は、成果を出すために汗を流し、その仕事量に対する成果の確度の高さだと思います。地方議会の場合、基本的には大きな会派に属せばその成果を得られやすいので、楽な仕事とみることができます。しかし、その政党（会派）が長と折り合いが悪ければ、いくら大きな政党所属であっても成果は出しづらく、キツイ仕事になります。

　単純な実務レベルとしては、まず、政党に所属していると、総選挙からはじまり、党のキャンペーンなど、参加すべき政治活動、選挙活動にかなり時間を割く必要があります。また、党所属議員は基本的に会派を結成し

II 議員の日常

ているので、議案はもちろん重要な新規案件などの是非について統一見解を出す必要があり、ものによっては議論が繰り返され、結論がなかなか出ないこともあるほど、意思統一に時間を取られます。当然、会派で決めた結論には異論があっても従うしかありません。さらに、議会案件の取り扱いについて、党本部や都道府県連、さらには国会議員や都道府県議会議員に確認を取る必要があることも出てくるなど、決定までのプロセスと労力は相当なものです。一方の無所属議員は、国や都道府県の選挙では関係のある議員がいれば自由に応援し、なければ高みの見物ができます。議会案件の態度については、会派を組んでいたとしても、自分の判断でどうにでもできます。興味のない案件であれば、何の調査もせず、全体の流れをみて判断することもできます。このように、議会対応の労力の差はとても大きなものです。

Q40 政党によって活動の違いはありますか？

A これは大いにあると思います。実際に行政視察などを通じて、様々な党派の方と日ごろの活動について情報交換をしてきましたが、はっきりと活動に違いがあることが分かりました。ここでは大雑把に記しますが、保守系の議員は、まずコンセンサスを取るために、多くの会議に時間を割いています。そして、特に大きな会派ほど議会での影響力が大きいことから、行政からの説明の回数と時間は圧倒的に多いのが特徴としてあります。また、日常の地域活動では、町会・自治会や商店会など地縁団体や業界団体の方々との交流の時間を多く取っています。一方、非保守系の議員は、意外にも会議には時間を取らず、個々で議員向けの勉強会に参加したり、個人の調査活動や広報活動に時間を使っています。日常活動では、わずかに地域の方との時間を持ちますが、支援組織の方々と過ごす時間が多いようです。

こういった活動の違いから、主張の違いが出てくるのかもしれません。

Ⅱ 議員の日常

そういう意味では、党派を超えて一緒に、議会外部の人と対話をするといった時間が増えると、議員間の些末な見解の違いも少なくなってくるかもしれません。

Q41 地域活動は選挙目的ですか？

A 地域での議会活動は、Q34のとおり、基本は広聴活動であり、議員活動の一環として行っています。しかし、同時に選挙に通じるものであることは間違いありません。ただ、選挙目的かと聞かれると、そうとは思えません。1つは、選挙目的であれば、その有権者に支持してもらうような言動に注力しますが、相手が不快に思わないよう気を遣いつつも、「(違うことは)違います」、「(できないことは)できません」とはっきり言いますので、それは選挙の前や最中に行う選挙活動とは全く異なります。

一方で、開き直るわけではありませんが、選挙は決して悪いものではなく、代議制民主主義の重要な手続きであり、選挙につながる行為はむしろ大いにやるべきだとも思います。ただ、その内容が単なる売名であるのかどうかが問題であって、政策や自治体の課題について自身の考えを広めることは、まさに議員活動であり、好むと好まざるとにかかわらず、選挙につながっていきます。むしろ、それを区別しようとするのは不可能であり、無駄でもあり、ナンセンスではないかと思います。

Ⅲ 議員と取り巻く人間関係

1 役所との関係

Q42 自治体職員は議員の言いなりですか？

A もちろん、そんなことはありません。議員の言いなりだったとしたら、自治体経営などすぐに破綻です（笑）。議員は、基本的に行政全体を把握できていません。地元の声、支援者の声を把握できているだけなので、行政からすれば「そんな無茶な！」ということを平気で要求してきたりします。会派や議員が違えば、真逆の要求もありますので、何でも言うとおりにしていたら、矛盾だらけになってしまいます。

議員側（残念ながら全員とはいい切れませんが）も、言うとおりにできるとは思っていません。取り敢えず要求をするという体です。「すぐやります！」という言葉が得られれば120点ですが、当初から期待しているのは、「ここまではこういう形で実現することは可能ですが、こういった理由からここはどうしてもできません」という言葉なのです。これで正直100点です。議員としても納得できる説明を得られれば、支持者に対してきちんと説明ができ、できるところを着実に進めてもらえればよいのです。

さだまさしの「関白宣言」という曲がありますが、これが議会と行政の関係に似てるかもと思うのは私だけでしょうか。議会は行政に関しては基本的に素人ですが、住民の代表として立ててもらわないと自治体運営上うまくいかないわけで、夫婦のようにどちらが上ということなくお互いの守備範囲を尊重し、自治体の発展に力を合わせられる、そんな関係であるべきだと思います。

Ⅲ　議員と取り巻く人間関係

Q43　議員が自治体職員に育てられるという面はありますか？

A　議員は、それぞれ様々な畑から政治という世界に入ってきて、自治体運営について、その中の相場観が全くない状態からスタートします。自治体の中の独特の空気や文化を知らない中で繰り広げる発言は、自治体に新しい風を吹き込む可能性を秘めています。より成果を出せる人材になるには、様々な経験や人間関係を育まなければならないと思います。自治体職員の中には、政治が好きで余計な口出しをしたり、新人潰しをする人もいなくはありませんが、多くは、自らが働く自治体をもっとよくしたいと業務に励んでいて、議会に良い人材がいたら、何とか自治体のためになるように育てたいと思うものです。

　筆者も、まだ当選回数がそれほど多くない頃、質問の取材をする度に、本気の議論をしていただき、時には現場の真の課題・問題などを事細かに説明していただきました。時にはお酒を交え、自治体の将来について本音で意見を交わすなど、とてもありがたい機会をいただきました。

　議員は、行政の仕組みだけではなく、質問する相手である行政という組織、その思考と、そこで働く自治体職員の思いをある程度理解していなければ、行政に影響力を発揮することはできません。基本的に、議員は同じ会派の先輩議員から指導をしてもらうことが主となりますが、たぶん歴史上の大政治家でも、その成長を支えた官僚が何人かいたはずで、地方議員として活躍する上でも、そういった自治体職員との出会いを大切にしていただきたいと思います。

Q44　議会事務局は議員の味方ですか？

　議会事務局には、議会運営を補佐するために執行機関から異動してきた自治体職員が配置されています。仕事の内容としては、

Ⅲ　議員と取り巻く人間関係

議員の報酬、各種手続きや傍聴対応を担当する「庶務係（課）」、議会運営の準備をし会派対応を担当する「議事係（課）」、議事録や広報誌、議会図書室の管理を担当する「調査係（課）」があります。各自治体で名称などは違うかもしれませんが、大きくこの３つが議会事務局の所掌事務になっています。

　議員が議会事務局にお願いをすれば、事務局の通常業務内であれば、どんな議員にもきちんと対応してくれます。味方かどうかは、建付けとしては（通常の業務の範囲においては）味方になりますが、完全に味方かどうかは人にもよると思います。

　議会事務局の職員は、一旦執行機関から異動されている立場で、基本的身分は執行機関であり、早く通常の行政部署に戻りたいと考えている職員も少なくないと聞いています。確かに、議員はそれぞれ個性的で、中には会ったこともないようなタイプの人もいるでしょうから、コミュニケーションをとるのは大変だと思います。年度途中に異動してしまった職員を何人か見てきましたが、そういった理由からかもしれません。役所の中でも特別な部署であることは間違いありません。中には、執行機関に議会の内情をつぶさに伝えている職員がいると聞いたこともありますので、その点では100％味方といい切ることは難しいと思います。

　しかし、総じて議会事務局ほど頼りになるところも他にありません。通常の議会活動をする上では、とてもよく面倒を見てくれますし、信頼関係ができれば、かなり幅広く力になってくれます。行政のことは全くの素人である議員ですから、どこに問い合わせるべきか、案件によっては課長が良いのか、部長が良いのか、相談した議会事務局の役所内の人脈を駆使して、中々知りえない情報を伝えてくれることもあります。さらには、目的がきちんとしていれば、他の議員との間を取り持つなど、明らかに職務以上のことにも頑張って対応してくれます。

　ただ、勘違いしてはいけないことは、議会事務局は議員の秘書ではないということです。確かに、議会運営の補佐ということで、様々なお手伝いをしていただきますが、なんでもお願いすればやってくれるものではあり

Ⅲ 議員と取り巻く人間関係

ません。無理なことを言っている上に、激昂する議員も見てきましたが、そういうことをすると信頼関係を取り戻すのは大変です。はっきりいって、議会事務局は議会の軍師です。基本的には介入することはありませんが、議会と議長を守るために、全体の流れを調整しているのも、いざという時に実行力があるのも、事務局です。そして、その事務局と親しくするか反目するかで大きく違いが出るのも正直実感しています。執行機関と議会との両方の情報を握っているので、何もできないわけがありません。良いか悪いかではなく、それが事務局です。

筆者が議員になりたての頃、議会事務局の方に「時間があったらお茶を飲みに来てください」とよく言われましたが、やはりよく顔を出し、分からないことを聴いたり、無駄話をしたりなど、親しく接するほど、議会事務局は着実に頼れる存在になりました。一部例外の方がいるかもしれませんが、議会事務局の職員も、もっと議員と親しくなりたいと考えていると想像しますので、是非積極的に関わっていただきたいと思います。

Q45 行政にとって良い議員、議員にとって良い自治体職員とは？

A 行政にとって良い議員というのは、行政の立場に立ったことがないので、正しいかどうか分かりませんが、少なくとも行政が疎ましく接していた議員の特徴の反対を以下に記します。

・常識がある
・挨拶が快い
・大声を出したり机をたたいたりなど威嚇をしない
・時間や約束を守る
・自分よりも地域や住民を第一に考えている
・本質を理解している、または見抜くのが早い
・目標を持っている
・さっぱりしている

Ⅲ 議員と取り巻く人間関係

・意味のない議論に時間を使わない
・議員の要望に頑張って対応したことを理解し、記憶している

　また、議員にとって良い自治体職員については、議員間で話をしていたことを以下に記します。

・部下をしっかり掌握している
・行政内の人脈がある
・自分の仕事に誇りを持っている
・説明に言い訳を入れない
・おかしいことにははっきりダメと言う
・返事が早い
・ぎりぎりまで工夫をする
・議員によって態度を変えない
・口が軽くない

どうみても特殊ではなく、一般社会とあまり変わるものではありません。

Q46　議員によるパワハラはありますか？

A　たぶん、今でもあると思います。議員と行政、さらに住民と議員、行政と住民、すべてにいえますが、日常的に問題となる事案が発生していると思います。特に議員間、議員と行政の間は、表にあまり見えないことから、ハラスメントの温床になっている可能性は高いです。

　自治体職員をしもべのように扱う非常識な議員は、確かにいました。そういうケースとはまた違って、全く悪気なく、その議員の個性として圧力ある接し方をしている議員もいましたが、自治体職員も世代が代わり、感性も変化している中で、議員がこれまでのように接していけば、それを不快に感じる職員が出てくる可能性は、以前よりも増しているはずです。

　議員は行政との雇用関係にないことや、公選職にあることから、通報により名誉毀損の係争などが予想されるなどのケースを除けば、議員による

Ⅲ　議員と取り巻く人間関係

ハラスメントは、よっぽどでない限り、執行機関から指摘されません。もちろん、議員間においても、世代の違いや元々のバックボーンの違いでコミュニケーションの文化が大きく違うことから、不快に思わせ、関係が悪化することはあり得ます。しかし、こちらも改善できる制度的装置はでき上がっていません。昨今、ようやく議員によるハラスメント防止条例や政治倫理条例に規定がされるようになりましたが、導入議会はまだ少なく、議会におけるハラスメント防止は緒に就いたところです。こういったハラスメントを引き起こした背景は何であったのか。元来から横たわっている議員への接し方にその根本原因はなかったのか。議員と地域との関係に歪みはないのか。議員はそういうものだという決めつけや諦めがあったのではないか。単に条例を作るだけではなく、議会を取り巻くコミュニケーションのあり方に目を向けなければならないと筆者は考えています。

2　議員間の関係

Q47　議長は議会の最高権力者ですか？

A　民主主義が熟せば熟すほど、議会を円滑に運営するには、そのルールと共に仕切りがしっかりしていなければなりません。つまり、最高の議会とは、議員が公明正大かつ自由闊達に意見をぶつけ合いながらも、円滑に議事が進んでいる会議体を指します。そういう意味で、議長は、議会運営の最高責任者としての重責を担っています。的確なルールの運用と一言で言えますが、それはルールを厳格に運用するだけでは務まりません。議会で発生する事象すべてに対してルールがあるわけではありませんので、その場に応じて締めたり、緩めたり、流したりといった議事進行が求められます。

　そのような議会運営をしっかりとこなすには、議会運営においてあくまで中立であるべき立場ですから、一議員としての言動をできる限り抑制す

る必要があります。例えば、議会報告です。議長の立場を離れず、一議員としての意見を付さずに、公式になった議会の出来事を淡々と伝えることはできると思いますが、正直それでは十分には伝わりません。住民に対して、これから審議され、決定される個別の議案についての見解、つまり賛成や反対といった一議員の意見を述べることは、中立とはいえず、逆の考えの立場にある議員と対立する状況を自ら作り出していることとなるので、議会報告という本来重要な活動すらも封印しなければなりません。もっといえば、国会や都道府県議会の選挙でも応援することは、党派が明確に表されることになるので避けるべきという意見は、議長の重みを踏まえれば正しいといわざるを得ません。実際、国会の衆参両院の正副議長は、選挙応援には絶対に入らないという不文律があります。

このようなことに鑑みての印象としては、議長は最高権力者というよりも、全く窮屈な「傀儡」という見方の方が近いと思います。実際、最も力を示すべき場である本会議でも、その進行については議長の一存で決められるのではなく、前例を踏襲しながら議会運営委員会の審議を経た次第に則って進められます。ただし、議会内で発生する不測の事態についてはもちろんシナリオがないので、議長自らがその場で対処していくことになるので、このように非常時の可能性を踏まえれば、最終的には議長の権限は大きく、また責任も非常に大きいということです。

Q48 違う政党の議員とは仲が悪いですか？

A まったくそのようなことはありません。議会には親睦会もあり、議会全体で年に一度懇親会を行っているところが多いと思います。また、同じ趣味を持つ者同士が集い、遊びに出かけたりすることもあります。そのほかに、期数が同じ議員同士の親睦会もありますので、そういった機会を通じ、会派を超えた人間関係が作られていきます。議会の審議ではそれぞれの意見があり、対立する立場であったとしても、むしろ会

Ⅲ 議員と取り巻く人間関係

派の違う者同士は変な緊張感がないので、意外にもより深い付き合いに発展していくことがあります。時には、親子ほどの年齢の差があっても、強い絆、信頼関係が生まれることもあります。そこは、一般社会とある意味変わらないところだと思います。

Q49 議員の中に序列はありますか？

A 正直あります。まず、絶対的な序列ではありませんが、議会全体でいえば、運営上では議員は議長の発言に従わなければなりませんし、委員会では委員長がイニシアチブをとるのが当然です。また、会派の中でも代表者又は幹事長が全体の仕切りを行うという意味で序列があるといえますが、そういった形式を超えた明確な序列があります。それは期数です。年齢や所属会派の大きさ、長との親密度などは関係ありません。議会の中では、期数が序列の基礎です。大会派の幹事長であっても、重鎮に対してはたとえその議員が一人会派であっても偉そうに上から接することはありません。個人的に仲が良ければ別ですが、仮に年齢が下であってもその序列は生きています。委員会などの公式な場面においてはもちろん、会派内においても、ある意味閉じられた世界でもあるので、さらにその序列は重要になります。

　一方で、序列に関係なく言うべきことは言わなくてはなりません。議員は、面子面目に殊更こだわりを持っています。仮に、先輩議員と異なる意見を言うときには、そのタイミングや言い方には細心の注意を払う必要があると思います。議会に限らずどんな世界でもそうですが、自分よりも経験を積んでいる先輩に敬意を払うのは、大切なことです。政治に携わる者は、それくらいの気遣いができなければ、よい政治など進められるものではないと個人的には思っています。

Ⅲ　議員と取り巻く人間関係

Q50　議員連盟とはどのような組織ですか？

A　議会の中には、○○議員連盟といった組織が存在します。例えば、デジタル産業誘致推進議員連盟であれば、その名の如く、デジタル分野の企業を自治体に呼び込むことを目的にした議員の集まりで、その実現に向けて、情報収集や調査、または招致などの活動を議員主体で継続します。これは正式な議会活動ではないので、議会事務局がお膳立てすることはありませんが、発言も出入りも自由で、いわば非公式の政策立案の場となります。行政（特に所管となる部署）と連携を取り、時には様々資料要求をするなど、実際に進んでいく段階で、行政と足並みがそろうように活動を展開していきます。

特に、議会外部の方と党派を超えて一緒に対話することは、議会内の関係を深めるのに高い効果があります。各議員・各会派は、日常、自分たちに近い立場の方と交流をしています。そもそも違う層の方とコミュニケーションをとっていますから、その思考には違いが出てくるのは当然です。こういった議員連盟の活動を通じ、普段接しない層の方々と党派を超えて対話することは、新たな気付きを得るチャンスになります。党派を超えてそれを一緒に体験すれば、関係性に良い変化がみられるはずです。

また、議員連盟は、個別の政策を実現するために、賛同する議員が意見交換しながら協議できるという点で、議員間討議とは違い、考えの一致や違いを緩やかに確認し、理解できる場としても有効なので、賛同しやすいテーマがあるならば、是非うまく活用してほしいと思います。

そのほかにも、議会改革により、議会報告会を開催し、議員が会派を超えて住民と接する機会が多く持たれるようになりました。このような活動も、議員間の関係性を深めるよい機会になると思います。議会として外部とのコミュニケーションを積極的に行い、効果を上げている取り組みに、藤沢市議会による「カフェトーク藤沢」があります。形式は、例えば、大学と連携し、住民、大学生、議員が集まり、カフェ形式でテーブルごとに

Ⅲ　議員と取り巻く人間関係

それぞれ与えられたテーマで意見を出し合い、最後に各テーブルから発表するというものです（詳しくは第Ⅱ部Ⅲ参照）。これは、議員同士の連携も必要になり、議員として普段接しない住民や学生と意見を交わすことができることに加え、その内容はインターネットで公開され、誰でも閲覧できるなど、住民の信頼や親近感を得ることができ、とても有効な手法です。

3　議員と有権者との関係

Q51　支持者との連携はどうなっていますか？

A　議員にとって、支持者はまさに親のような存在です。日ごろから手弁当で、地方議員の応援をしていただきますが、なぜ自分にここまで尽くしてくれるのだろうと時に理解できなくなるほど、一所懸命やってくださる方がいます。

特にありがたいのは、地域で課題があれば、いの一番に教えてくれますし、地域の様々な会合に参加しやすいようにお膳立てをしてくださいます。また、悪口を聞けば、当事者に出向いて訳を聞き、なるほどと思えば早めに対応するように、大げさであれば訂正するよう要求してくださいます。直接見えないところからでも、支えてくださっているということが、回りまわって耳に入ってきたときは、なんと感謝して良いか分からなくなります。

一方で、つらく思うこともあります。支援者の皆さんの面倒見の良さや、強い気持ちが大きすぎ、こちらが十分に応えられなかったときや、また、支援者同士が対立してしまったときなどは、困惑すると共につらく思います。長く議員をしていると、そういった偉大な支援者の方が亡くなったり、意外なすれ違いから応援する場から去っていかれるという別れも、当然のことながらいくつも経験していきます。

出会いから始まり、永くお付き合いしていくに当たり、最終的には人間

Ⅲ 議員と取り巻く人間関係

性で政治の堅苦しい話よりも相性がすべてというところもありますが、筆者が大切だと思うことは、議員としての縁を作ることに重心を置くのではなく、自身の政治に対する思い、信念、姿勢というものを理解してもらうところから始めるべきだと思います。

Q52 地域行事や冠婚葬祭の対応は大変ですか？

A　地域行事はかなりの数が開催されますので、しっかり参加し続けることは大変ですが、主要な人たちと一堂に会すことができる、とても良い機会だと思っています。主なものとして、防災訓練、各種お祭り、商店会の催し、清掃、体操、運動会、地域コンサート、新年会、忘年会などがあります。大変だと思うことは、細かいことですがいくつかあります。まずは、調整が難しいことです。季節的なことも多く、だいたい日程が重なってしまうので、どんな順番で行くとよいのか、また、顔を出すだけではよくない場所もあるので参加か不参加かの判断をすること、そして不参加にする場合は挨拶に行くこと、さらには不参加の場所が毎年重ならないように記録しておくなど、偏りがないようにします。

　もう1つは、移動が難しいことです。自転車で移動できる範囲なら良いのですが、地域とはいえ、会場が遠いところになるなど、広い範囲になってしまうこともあり、また、お酒を飲まなくてはいけないところが一件でも入ると、車で移動することができなくなるので、様々状況を予想し、計画を立てます。そのほかには、会費の問題があります。コストとしての問題もありますが、こういった地域行事では会費が明示されていないことが多いのですが、そこにお土産や食事が用意されていたりします。かつては、提供物に対し相応の会費を払うということは可能でしたが、公職選挙法が厳しく扱われるようになり、明示された会費の金額でなければアウトということになりました。しかし、そういったことは地域の方々は無頓着な場合が多く、説明しても十分理解が進みません。中には、会費を取らないか

Ⅲ 議員と取り巻く人間関係

ら席は用意しないが、挨拶だけはしてほしいというところが出てきました。もちろん、金銭的にはありがたい話で、きっと親切でご提案いただいているのだから、感謝をしなければなりませんが、本来、関係者とゆっくりお話をする絶好の場にもかかわらず、段々とそうなっていくのはもったいない話です。

一方、冠婚葬祭は、議員という職業には付き物です。例えば、地域の中に叙勲を受けられた方が出れば、そのお祝いの席におおよそお声がけをいただきます。そう頻繁にはありませんが、お祝い事ですから、お祝い金も開催時間もコストがかかります。かつては、結婚式に呼ばれる機会も多かったのですが、コロナの影響などにより、その機会はかなり減りました。また、地元の複数の神社では、元旦から大晦日まで毎年いくつもの催しが行われます。これも、それぞれから声がかかり、参加していました。

最も多いのは、お葬式です。以前は、ご連絡いただいた場合は可能な限り参列するようにしていましたが、お付き合いが広がる中で、その対応は負担になってきます。そこで、故人やそのご家族との関係に応じて、式に参列する、ご自宅にご香典をお供えする、電報を送るなど、対応の工夫をしました。

議員の仕事は、様々なご縁から成り立っていますから、冠婚葬祭の対応は決して疎かにできません。しかし、時間にもお金にも限界がありますから、活動全体のバランスの中で工夫していくことが求められます。

Q53 「票ハラ」とは何ですか？

A ハラスメントという言葉が世に出て、セクハラ、パワハラなど、様々なハラスメントが指摘されるようになりました。その中で、全く一般的なものではありませんが、政治の世界には「票ハラ」といわれるものがあります。議員や候補者（議員の秘書や後援会の幹部も含めてだと思いますが）に対して、政治とは関係のないところで「だったら応援し

ない」、「別の人に投票するぞ」と言う人がいます。若かりし頃によくあったのが、「俺の酒が飲めないのか！　飲み干せなければ応援はしない」というものです。これもコミュニケーションの1つとして捉えていましたが、最近ではこういう言い回しは不適切であるという認識が広まったのか、あるいは、そういう世代がフロントから引退されたためか、あまり聞かれなくなりました。

　でも、全くなくなったわけではありません。議員の広聴活動の一環として、商店街を歩いているときに、女性用の化粧品店の方からこんなことを言われたことがあります。「あんた、うちのお客さんじゃないよね、うちの商品を買わない議員とは話をしない。まず、商品を買わないと。応援してもらいたいなら、他の議員よりもたくさん商品を買わないと無理だよ」と。さすがに、妻の化粧品を勝手に買うわけにもいかないので、「お騒がせしてすみません。よりよいまちづくりのために、何かありましたら、今後もご意見をお寄せください」とだけ言って失礼しました。また、ある団体の懇親会に、現在自治体が力を入れている取り組みについて話をしてほしいということで出席しました。こちらからの話が終わり、質問時間に入ったところ、一人のメンバーから「我々にとって、大きなメリットのある施策はほとんどない。我々のためだけに議員をやったらどうだ」と言われました。具体的な要望を聞きつつ「現在の行政の枠組みでは、残念ながらそこまではできません」と答えたところ、「我々もできるとは思っていない。あんたたち議員は、いわば票の乞食なんだから、できるかできないかではなく、票のためなら何でもしますという姿勢でなくては。政策にこだわるなら、我々は応援しない！」と言われてしまいました。その場にいる他のメンバーは下を向くばかりで、とても残念に思いました。腹にぐっと力を入れて、「ご意見承りました。今後共、ご指導お願いします。ありがとうございました。」と、会場を後にしました。

　政治に携わる者の辛さは、すべての人にお願いしなければならないという立場であることです。心の中で、この人は自分を応援していないし、応援することもないと分かっていても、笑顔で「お願いします」と言わなけ

ればならないのです。古いスタンスかもしれませんが、私が議員になるときの基本の「キ」でした。

　さて、このような私よりも、もっときつい思いをしているだろうと思われるのが、女性議員です。中には子育て中の方もいますが、家庭や子どものことで自由に時間を作れない中、応援していることを笠に着て無理を言ってくる、場合によっては試すようにわざと厳しい条件を出してくる、そんな支援者もいるようです。そうなると、もはや支援者ではありません。お酌を強要したり、カラオケでは肩を組まされたり。中には、そんなことは全く気にならない女性議員もいるかもしれませんが、やはりそうあるべきではありません。議員をもっと敬ってほしいということではなく、議員は住民の代表であるということをもう少し重く受け止めてもらわなければ、我がまちそして社会をよりよくしていくのは難しいと思います。

Ⅳ　地方議会選挙

1　議会と選挙

Q54　議員には誰でも立候補できますか？

A　民主主義においては、選挙権と被選挙権をできる限り保障することが求められます。しかしながら、例外とされる立場の人が存在します。

① 　住所及び年齢要件

　　立候補するには被選挙権が必要ですが、地方議員の場合、その自治体の住民として3か月以上生活し、かつ立候補届け出までに満25歳でなければなりません。つまり、とても素晴らしい人材であっても、24歳以下であれば立候補することはできません。

② 　兼業禁止の要件

Ⅳ 地方議会選挙

議員として、兼業してはいけない職業が指定されています。例えば、自治体の職員、国会議員のほか、自治体の議員、長や特別職、または裁判官や特定の行政委員会の委員なども禁止対象となります。ただし、これらの職業に就いている人は立候補できないというわけではなく、立候補の届け出をした時点で、その職を辞職したとみなされます。

また、上記の公的職業以外に、民間事業者でも立候補できない場合があります。それは、当該自治体と請負契約にある者です。その事業所の個人事業主、または請負法人の役員にある者を指します。具体的請負内容としては、建設工事、行政サービスや業務の委託などです。ただし、少しでも請負契約があるからといって立候補が禁止されるわけではありません。法律的には、その請負契約が当該企業の業務量の半分程度以上であることが兼業禁止に当たるとされています。ただし、法改正により、自治体と継続的な取引がある個人事業主について、年間の取引額が300万円までなら兼業を認められるようになっています。

③ 公民権の要件

また、以下の条件に当てはまる者は、公民権を有しないとして、立候補することはできません。

1. 禁錮以上（2025年6月1日から「拘禁刑」。以下同）の刑に処せられ、その執行を終わるまでの者
2. 禁錮以上の刑に処せられ、その執行を受けることがなくなるまでの者（刑の執行猶予中の者を除く。）
3. 公職にある間に犯した収賄罪により刑に処せられ、実刑期間経過後5年間（被選挙権は10年間）を経過しない者。または刑の執行猶予中の者
4. 選挙に関する犯罪で禁錮以上の刑に処せられ、その刑の執行猶予中の者
5. 公職選挙法に定める選挙に関する犯罪により、選挙権、被選挙権が停止されている
6. 政治資金規正法に定める犯罪により、選挙権、被選挙権が停止さ

Ⅳ　地方議会選挙

れている者

　報道等で「獄中出馬」と称されるケースもごくたまに見られますが、これは拘留中の状態での立候補を指し、推定無罪で刑が確定していない状況にあることで立候補することができるというものです。

　これらの立候補の権利に関しては、社会通念上、合理的に判断され、このような扱いとなっています。しかし、そもそも社会通念上という概念が時代とともに変わる中で、例えば年齢による制限については、あまり問題になっていないにせよ、その評価が難しくなってきているように思います。

　また、①にあるように、地方議員の場合は、当該自治体の住民であることが必須条件ですが、自治体の長の場合は、当該自治体の住民であることは求められていません。これも、社会通念上合理的な判断かどうか、考えるべきことではないかと思います。わが国の場合、上級役所の役人が選挙に出る（例えば、国の官僚が知事選に、都道府県の役人が市町村長選に）ことが多く、その場合、住所要件が大きな障壁となるため、あえて外しているのではないかと思われます。普通に考えれば、自治体の長も議員と同じく、そもそも住民であったほうが自治の考え方にも馴染みやすく、住所要件を除外した理由の納得のいく説明を聞いたことがないので、このような邪推をしてしまいます。

Q55　当選しても無効になる人や辞職となる人は？

A　被選挙権を有して立候補し、晴れて当選できたとしても、失職または辞職する人がいます。まず、それぞれの議会で多く取り上げられているのが、例えば「言動に品性を欠いている」とか、「言動に矛盾があり、信用できない」、「私生活に問題がある」といったことで批判が大きくなり、議員辞職勧告に行き着くというケースです。ただ、この場合は強制的に辞職させることはできず、議員の自主的な辞職を促すまでにとどまります。民主主義において、議員の身分を簡単に剥奪することはできな

いということです。しかし、これから説明する「議員の資格決定」は、これらとは別次元のものになります。

　議会として正式に「議員の資格を有しない」と決定した場合は、その議員は本人の意思にかかわらず、失職することとなります。それは、主に以下の3つのケースに限られます。

① 住民（住民票がある）であっても実際に生活実態がない

　　これには、様々なパターンがあります。「議員就任当時は生活していなかった」、「議員就任時は生活していたが、今は生活していない」、「議員就任時も現在も生活しているが、その間に生活していなかった」などです。地方議員にとって、住所要件は重く、議員になる前もなってからも、議員の資格として継続的に求められる要件です。実際に、議会で追及されることが増えており、そのうち何人も辞職・失職しています。

② 当該自治体と請負契約がある

　　いわゆる兼業禁止に該当するところですが、特に地元企業が限られる地方の場合、地元の有力者が何かしらの形で当該自治体と請負関係にあることは珍しくなく、その関係が当選後に明るみに出て問題化し、議員として資格なしの判断が下されてしまうケースは少なくありません。

③ 有罪が確定した

　　選挙中までは係争中で刑が確定していなかったが、当選後に有罪が決まった場合は、議員の資格を有しないこととなり、失職となります。

　さて、資格決定の手続きですが、実は筆者自身には経験がなく、他の自治体の例から説明します。

　まず、議会に議員から「議員資格に疑義あり」という旨の資格決定要求の発議があり、これをもとに「資格審査特別委員会（仮称）」が設置され、そこで、発議された案件について審査します。審査結果は議会に報告され、採決が行われます。「資格なし」の決定を行う場合には、出席議員の3分の2以上の賛成者が必要となります。本会議で「資格なし」と決定されれば、

Ⅳ　地方議会選挙

その時点で当該議員は失職となります。

さらに、公職選挙法違反により当選無効の異議の申出や訴訟等の提訴がされて、事実として確定すれば失職となります。この場合、当選無効の確定がなされるまでは失職することはありませんが、多くの場合、自主的に辞職するケースが多いです。

公職選挙法違反については、大小軽重の様々な違反が選挙を通じてみられますが、その中でも重いものが2つあります。

1つは、買収です。買収は、投票を誘導する目的で金品等の利益を与えたり、与える約束をする行為で、少なくない不祥事の1つです。この買収については奥が深いので、後ほどあらためて触れます。

そしてもう1つが、経歴詐称です。経歴詐称は、有権者の投票判断に多分に影響を与えることから、特に重大な公職選挙法違反として扱われます。詐称が明らかになった場合はほとんど辞職に追い込まれ、経歴詐称として確定した後には公民権が停止されます。

Q56 地方議員の選挙で有利なのは政党所属ですか？　無所属ですか？

A　やはり、政党所属の方が有利です。いわば鑑定書付きということですから、多くの人は政党所属であれば一定程度安心できるのだと思います。でも、所属する政党が政権党だったりすると、生活に悪い影響が出そうな法案が出たり、それを強行採決したり、経済政策がうまくいっていなかったり、また、政権党であってもなくてもその政党で心情的に許しがたい不祥事が発覚するなどすると、大きなあおりを受けますので、時には不利になることもあります。ですから、政党所属が有利であることが傾向としてあっても、絶対にとはいい切れません。

また、政党所属だと金銭的な援助があると思われていますが、地方議員には特に援助はありません。ただし、選挙前に、2連ポスターといって、国会議員と自身の顔と名前が入ったポスターを作ってもらえます（これは、

IV　地方議会選挙

地域によってないところもあるかもしれません。作ってもらわなくても、国会議員の名前と写真を使えるのは大きいと思います）。公職選挙法では選挙の半年前から、一人だけのポスターは貼ってはいけないと決められていますので、これは助かります。

　一方、無所属の議員は、当然２連ポスターは作りづらいです。たまに、無所属の方が無名の方（大学の先生や慈善団体の代表など）との２連ポスターを作っているのを見かけることがあります。一応、自身の名前と顔の宣伝には一役買っていると思いますが、どういう風に受け取られているかは分かりません。それよりも、政治家でない方に、町中に貼られるポスターに自分の写真と名前の掲載を許可していただくのは大変なことだと思います。率直な感想として、すごい応援をいただいているのだなと感心してしまいますが、一般の方からすれば「？」で終わってしまうのかもしれません。

　かつて、無所属で当選する議員は、地域活動で名をはせた方や、独自のテーマで強力なメッセージを発する方、あとは政党からドロップアウトした方ぐらいでした。今では、若い無所属の候補は、会社員や主婦からの転身で、特に社会的な活動もなく、それこそ無名でも、政党に所属していないことを親近感や清潔感の武器に換えて、SNSなどを駆使してお金をかけずに当選してきています。政党所属でも無所属でも、自分をどこまでどうやって売り込めるかが勝負であることは間違いありません。

Q57 地方議員の選挙で有利なのはベテランですか？　新人ですか？

A　これも一概にはいえないことですが、一般的にはベテランというか、経験者の方が有利だと思います。なにしろ、良いも悪いも顔と名前はある程度知られていますから。また、地方議会の選挙の場合、大きなテーマが明示されることはあまりない中で、よほどのことがない限り、投票先を変える有権者はそう多くないこともあり、新人が不利の傾向

にあります。ただ昨今は、投票先を変える割合がかつてより増えているようなので、その傾向にも変化があるように思います。

　一方で、どの議員の陣営でも5期ぐらいまではパワーがありますが、それ以降になるとそのパワーも落ちてくる傾向にあります。理由としては、支援者が歳をとることもありますし、何度も選挙を繰り返していると、落ちることはないだろうという空気が支援者の中に広がってしまうからです。また、新人には期待を持てますが、4期くらいやっていると、地域の中で「あの議員の仕事の出来はこんなものか」と、ネガティブな見方も増えてきます。地方議員は決して派手な成果を出せる立場ではないので、そういう印象を持たれることが多いです。長く議員をやっていると、面と向かって悪いことを言う人は少なくなりますが、腹の中ではよく思っていない有権者もいることに注意しなければなりません。

　そういう意味で、中堅ではなく、ベテランの域に入ってくると、より一層気を引き締めていく必要があります。

Q58　選挙はマーケティング活動ですか？

A　選挙に当たっては、候補者は自らの政治理念や政治姿勢と共に、公約を掲げ、有権者にアピールします。政治理念や政治姿勢はとても大事ですが、残念ながらあまり目に留まりません。私自身は、日ごろの政治活動やそのときの公約と乖離がないか、政治理念を中心に据えて自分が心底進めたい政治のあり方が表現されているかどうか、何度も修正して作り上げてきました。しかし、最近では、この政治理念や政治姿勢について全く触れることがなく、キャッチフレーズと公約だけの候補者が多くなったと思います。確かに、ほとんど読まれないものに時間やスペースを使うのは、費用対効果が悪いですから、選挙としてはそれが正解だと思います。ただ、それをじっくり書き込んで、公にすることは、自分自身への誓いにもなり、判断を迷ったときの指針になるので、とても重要だと思い

ます。

　さて、筆者が最も触れたいのは、公約についてです。公約は、その時代ごとに関心の高い社会テーマがあることは間違いありませんし、公約がそういったテーマに集中することで、多くの候補者の公約が似てくることはやむを得ないと考えます。しかし、選挙という大事な社会イベントに際して、社会課題の本質を掘り下げることなく、選挙をマーケティングと捉え、「ターゲットをどこに置くか？」、「どのような公約をどのように並べれば、票を多く獲得できるか？」など、まさにＡＩ任せのような選挙活動が増えていることに危機感を覚えます。

　政治の課題は、表層的な部分だけではなく、根深いところに視点を持っていくことが必要であり、また、そこにだけ真の解決策を見出せるものではないでしょうか。もっといえば、政治家は、真の社会課題を提起することに存在価値があると思います。政治を行うことは社会全体を見ることが大前提ですが、一方で、大多数でない人の声を聴き、拾っていく作業がとても重要なはずです。一票でも多く獲得することを目的としたマーケティング選挙では、そんな作業はナンセンスな活動と一蹴されてしまうでしょうが、政治家が効率重視のマーケティング選挙を繰り返していけば、政治はいつも後追いで、社会の可能性もどんどん狭まってしまうことを、政治に携わる者はもちろん、議員を選び育てる住民側も理解してほしいと考えます。

番外編　地方議会に関する都市伝説

Q59　23区の区議会議員のバッヂはなぜ立派なのですか？

A　23区の区議会議員の議員バッヂをご覧になったことはありますか？　区議会議員のバッヂは、市町村議員のバッヂと比べると、座布団が肉厚で、大きさも一回り大きくできています。都道府県議会議員

番外編　地方議会に関する都市伝説

や国会議員のそれと大きさはほぼ同じですが、都道府県議会議員のバッヂが青紫に対して、区議会議員のバッヂは座布団の色がエンジ色です。近くで見れば国会議員のバッヂと全く違うことが分かりますが、遠目で見れば分からないくらい瓜二つです。

　これは、特別区（23区）の自治権が、一般市のそれよりも若干劣る形で東京都から独立して各区が設置されたときに、区議会の反発を抑える1つとして、都議会のバッヂと同じ大きさで、かつ市町村議会と同じ色のバッヂが手渡されたという話を聞いたことがあります。まさに都市伝説で、真偽は定かではありませんが、もしかするとあり得る話だと思っています。

　困ることは、議員会館など国会に訪れた際に、遠くから守衛の方々から「お疲れ様です！」と大きく声をかけられることです。いちいち「違うんです。区議会議員です」と声を返すのも大変なので、頭を下げてやり過ごしますが、区議会議員にはプロが見ても見間違えるほどの立派なバッヂが支給されています。

　そもそも、議員バッヂというものは世界でも珍しいようで、日本文化の1つである判子や印籠のようなものなのでしょうか。確かに、議員バッヂをしていないと、良いも悪いも議員かどうか分かりませんし、国内では、しているのとしていないのでは、不思議と風格に違いが出るのも否めません。今後も続く風習なのかどうか、1つ気になるところです。

Q60　議員はなぜ先生と呼ばれるのですか？

A　かつて、議員は一定の年齢を重ねたおじさんのイメージでしたが、最近は、女性議員を含め、若い議員が増えてきています。今でも、議員であれば、大方「〇〇先生」と呼ばれることになります。

　私は、当初からこの呼称に違和感がありました。年齢もさることながら、自分よりも知識も経験もずっと上の人から「先生」なんて呼ばれるのは、逆に馬鹿にされているのではないか？と思えてしまうからです。その気持

ちを知ってか、身近な支援者からは「○○さん」と親しげに声をかけて頂きました。やはり、こちらの方が、私自身も身構えず、気持ちよく対応ができます。

これについては、「自治体職員からの呼称である」という話を聞きました。議員は、行政に関してずぶの素人であっても、真に行政の指針となる住民の意向を把握した立場であり、住民の代表である議員の意見は天の声に等しいということで、行政が議員に対して「○○先生」と呼ぶようになった。そして、行政がそう呼ぶ議員に対して、住民も同様に「○○先生」と呼ぶようになったということらしいのです。これもあくまで都市伝説で、真偽は定かではありませんが、なるほどあり得ると思っている説です。

とはいえ、行政の中でも段々と「○○さん」と呼ぶ場面が増えてきているように感じます。やはり、一般の方からしても、議員への「先生」という呼称は胡散臭いと思われていることもあります。私は、先の都市伝説を聞いてから、自治体職員からの「先生」呼称には年齢に関係なく、あまり違和感を持たなくなりましたが、住民からそう呼ばれることはできればない方がよいと思っています。

また、議員間においても、お互い違う住民から支援されて議員になっていることから、「○○先生」と呼び合うのが議会人として正しいということを先輩から厳しく言われたことがあります。でも、最近の自分自身を顧みるに、あえて仰々しくするときは別ですが、基本的には「さん」や「君」、またはより親しければあだ名を使っています。年齢が上の議員や女性議員には「さん」、男性の年下の議員には「君」です。しかし、「同じ会派の中でも『君』は失礼だ。『さん』で呼ぶべき」と言い回わる議員が出てきましたが、これも時代の変化でしょうか。とても味気なく感じるのは、私だけでしょうか？

第2部

地方議会のミライ

～政策アドバイザーが伝える
　　　　　　ホントの議会改革～

I　改めて地方議員の存在意義を問う

　地方議員は、いったい何をする存在なのでしょうか。本項で議論したいのは「議会」ではなく「議員」の役割についてです。ここでは、議会基本条例を基にして、地方議員の存在意義を考察します。

地方議員は何をする存在なのか

　多くの地方議会のホームページには、地方議員についての説明が掲載されています。それらの説明の多くは「住民の中から選挙で選ばれた人たちで、住民の代表として行政の方向を決め、住民の要望や意見を行政に反映させる役割を担う存在である」という趣旨です。

　任期は4年で、議員定数は地方自治法に基づき人口に応じて上限が定められ、各自治体が条例で具体的な数を決めています。しかし、「地方議員が具体的に何をする存在なのか」という問いに対する明快な回答は見当たりません。

　地方自治法を確認すると、議員の権利や義務について多くの規定があります。例えば、権利としては「議会招集請求権」（地方自治法第101条）、「議案提出権」（同第112条）、「会議請求権」（同第114条）、「動議提出権」（同第115条の2）、「表決権」（同第116条）、「請願紹介権」（同第124条）、「侮辱に対する処分要求権」（同第133条）などが挙げられます。

　一方、義務については「兼職及び兼業の禁止」（同第92条）、「委員に就任する義務」（同第109条）、「規律を守る義務」（同第129条）、「会議に出席する義務」（同第137条）などが明記されています。しかし、これらを見ても「地方議員が何をする存在なのか」という問いに対する明確な答えは得られません。

　総務省の地方議会・議員のあり方に関する研究会がまとめた『地方議会・議員のあり方に関する研究会報告書』でも、議員の存在意義は明確に定義

Ⅰ　改めて地方議員の存在意義を問う

されていません。同報告書ではむしろ「議員に求められる役割を明確にするべきである」という趣旨が記されています。報告書では、議会の役割として以下の3つが示されています。

・議決機能（利害関係者との調整機能や意見集約機能を含む）
・執行機関の監視機能
・政策形成機能

　地方自治法や総務省の報告書を見ても、議員の存在意義や役割が明快ではない現状があります。この状況を前向きに捉えれば、議員の役割が幅広く、ダイナミズムを伴うため、あえて一義的に規定するのが難しいということなのかもしれません。
　また、地方議員の活動は多岐にわたります。地域住民の声を直接聴く場面から、行政に具体的な提言を行うまで、議員が果たす役割は非常に重要です。しかし、これらの活動は目に見えにくいため、市民の間では議員の役割が十分に理解されていないという課題もあります。

議会基本条例における議員の存在意義

　議会基本条例は、議員の存在意義を考える上で有用な手がかりを提供します。北上市（岩手県）の議会基本条例第4条には「議員の役割と活動原則」が規定されています。この条文では、「議員は、議会が言論の場であること及び合議制の機関であることを十分認識し、議員相互の自由な討議を重んじ、議員活動を通じて市民の負託に応えなければならない」と明記されています。
　また、同条第2項の各号において議員の役割を規定しています。第1号は「市政の課題について、市民の意見を的確に把握するとともに、自らの資質の向上に努めること」とあります。第2号は「一部の団体及び地域の代表にとどまらず、市民全体の福祉の向上を目指して活動すること」となっ

I　改めて地方議員の存在意義を問う

ています。

　他方で、議員の「責務」に焦点を当てる条例もあります。栗山町（北海道）の議会基本条例第26条では、「議会及び議員の責務」として、「議会及び議員は、町民を代表する合議制の機関として町民に対する責任を果たさなければならない」（要約）と規定されています。同様に、伊那市（長野県）の議会基本条例も責務を使用しています。同条例第4条が「議員の責務」であり、条文は「議員は、市民の代表者として、市民全体の福祉の向上のために活動することにより市民の負託に応えるものとする」と明記しています。図表2-1が議会基本条例における役割と責務の書きぶりです。

図表2-1　議会基本条例にみる議員の「役割」と「責務」

役割／責務	条例名	条文
役割	桐生市議会基本条例	（議員の役割と責任の明確化） 第7条　議員は、市民の負託に応え、信頼される議員を目指すため、自らの役割と責任を明確にします。
役割	銚子市議会基本条例	（議員の役割及び活動原則） 第7条　議員は、市民から直接選挙によって選出された公職としてその役割を果たすため、次の各号に掲げる原則に基づき活動するものとする。 (1)　市民の多様な意見を把握し、政策立案及び政策提言を行うこと。 (2)　市政に関し、必要な調査研究を行うこと。 (3)　市民に対し、自らの議会活動について、分かりやすく説明すること。 (4)　議員としての資質を向上させるよう、常に研さんすること。 (5)　公の立場を自覚し、市民の代表としての良心に従い、及び責任感を持って、倫理及び品位を保持すること。
責務	夕張市議会基本条例	（議会及び議員の責務） 第10条　議会及び議員は、この条例に定める理念及び原則に基づき議会運営に努めるとともに、この条例を実践することにより市民に対する議会及び議員の責任を果たすものとする。
責務	湯河原町議会基本条例	（議員の責務） 第4条　議員は、政策中心の議会運営を進めるため、不断に必要な能力を磨き、必要な情報を収集して、政策提案その他の政策活動を進めなければならない。 2　議員は、町民参加と町民協働の議会運営を進めるため、町民に必要な情報を提供し、その意見を的確

I　改めて地方議員の存在意義を問う

		に酌み取って議員活動に反映させるとともに、町民とともにまちづくりの活動に積極的に参加し、これを推進しなければならない。 3　議員は、議会が言論の府であることを認識し、議員間の自由な討議を尊重するとともに、会議における発言は簡明に行い、議題及び許可された趣旨の範囲を超えないようにしなければならない。 4　議員は、自らが町民の選良であることを認識し、町民の代表にふさわしい活動を行うよう努めなければならない。

　こうした事例を見ると、多くの議会基本条例には議員の役割や責務が明記されているように思えますが、実際にはそのような規定がない条例も多いのです。「全国条例データベース powered by eLen」によれば、「議員の役割」を明記している条例は142件、「議員の責務」を明記している条例は508件となっています。ちなみに、このデータベースに収録されている議会基本条例の総数は1,015条例です。

　議会基本条例に役割や責務を明記することは、市民との信頼関係を深めるためにも重要です。このような規定があれば、議員が自身の行動を省みる指針となり、市民に対する説明責任も果たしやすくなります。

「役割」と「責務」の意味

　ここでは「役割」と「責務」の意味についても考えてみます。役割とは「その人の地位や職務に応じて期待される働きや役目」を指します。責務とは「果たさなければならない務め」という意味があります。議会基本条例で「役割」と「責務」を考える際には、「本来、議員が尽くすべき務め（本分）」という観点から、責務の方が役割より重たいものとして捉えられるでしょう。

　ただし、いずれの場合も努力規定であるため、違反や放棄に対する罰則は設けられていません。これらの遵守は、議員個々の自主性に委ねられているのが現状です。

　また、「責務」という言葉が持つ重みは、市民への応答責任や誠実な活動

Ⅰ 改めて地方議員の存在意義を問う

を求める観点から重要です。議員がその責務を果たすことで、議会全体の信頼性が向上し、住民福祉の向上にもつながるでしょう。

　役割と責務に、権利と義務を加え、それらの重さを考えると「権利＜役割＜責務＜義務」という関係になります。

　筆者の調べた範囲では、既存の議会基本条例に「議員の義務」という規定はありません。しかし、一規定として「議員の政治倫理」を用意している場合は、「第●条　議員は、市民の信託にこたえるため、高い倫理的義務が課せられていることを自覚し、市民の代表として良心と責任感を持って議員の品位を保持し、識見を養うよう努めなければならない」と書き込むことが多くあります。この条文の中に「倫理的義務」と使われています。なお「議員の権利」という一規定も見当たりません。これは地方自治法である程度規定されているからと考えます。

　地方議員の存在意義は、法律や条例だけでは明確に定義されていない部分が多くあります。しかし、議会基本条例の条文や理念を活用すれば、議員の役割や責務を具体化し、その活動を通じて市民の期待に応えることが可能です。

　また、地方議員には市民全体の福祉を向上させる責任があると同時に、自らの資質を高める努力が求められています。これを達成するためには、議会基本条例をさらに整備し、役割や責務を明記することで、地方議会全体の透明性と信頼性を向上させることが必要です。

　さらに、地方議員が市民との対話を積極的に行い、日常的な意見交換を通じて地域の課題を把握することも重要です。このような取り組みにより、市民にとって議員の存在意義がより明確となり、地方自治全体の活性化が期待されます。

　読者の自治体では、議会基本条例に議員の役割や責務がどのように規定されているか、改めて確認してみてはいかがでしょうか。地方議員の活動を理解し、支えることが、地域社会の発展につながる第一歩となるでしょう。

Ⅱ　明確な定義が見当たらない「議会改革」

　読者の皆さんに質問です。「議会改革」という言葉の定義は何でしょうか。

　現在、議会改革が盛んに行われています（実際にはずっと続いてきました）。しかし、「議会改革」という言葉を明確に定義している議会は少ないようです。現在、議会基本条例は1,000を超えると言われていますが、その中で「議会改革」の意味を明確に定義している事例はわずかです。

　「全国条例データベース powered by eLen」（以下、eLen）というWebサイトがあります。このeLenには全国の自治体の約97％の例規が収集されています（2019年6月時点）。同サイトで議会基本条例を検索すると、1,015の条例が抽出されます（2024年12月15日現在。城崎町湯島財産区議会基本条例も含まれる）。しかし、これらの条例の中で定義規定を設けているものは、約100条例しかありません。議会基本条例は、議会改革を進めるための重要な手段ではありますが、「議会改革」という言葉そのものを明確に定義しているケースは少ないのです。

　議会基本条例の見出しに「議会改革」を掲げている例は多いです。例えば「議会は、地方分権の進展に対応するため、自らの改革に不断に取り組むものとする」や「議会は、市民の信頼を高めるため、不断の改革及び活性化に努めます」といった条文が書かれています。しかし、具体的にどのような改革が「議会改革」なのか、その定義が明確に示されているわけではありません。

　多くの議員は「議会改革」の意味を何となく理解しているのだと思います。しかし、その定義は曖昧なままであり、「何となく分かる」の域を出ていないのではないでしょうか。そこで本項では、この「議会改革」について、多様な観点から考えていきます。

Ⅱ　明確な定義が見当たらない「議会改革」

実は曖昧な議会改革

　eLenを活用して1,015の議会基本条例に「議会改革」という言葉が使われているか調べると、589の条例に見つかります。逆に言うと、残りの426の条例には「議会改革」という言葉が明記されていないということです。

　例えば、札幌市議会基本条例の第22条の見出しは「議会の機能強化及び議会改革」です。その条文には「議会は、市長等の事務の執行に対する監視及び評価並びに政策の立案及び提言などの議会機能を強化するとともに、自らの改革に継続的に取り組むものとする」と書かれています。

　戸田市（埼玉県）の議会基本条例では第24条に「議会改革の推進」と見出しがあり、同条第1項に「議会は、その信頼性を高めるため、不断の改革に努めるものとする」と記されています。

　春日部市（埼玉県）の議会基本条例では第15条の見出しが「議会改革」であり、同条第1項に「議会は、地方分権の進展及び市民からの多様な要請に対応するため、自らの改革に不断に取り組むものとする」とあります。これらの条文だけを見ると、議会改革の方向性は理解できますが、その定義はやはり曖昧です。

　各議会のホームページにも「議会改革」という言葉が多く掲載されています。例えば、南相馬市議会（福島県）のホームページには「地方分権時代に相応しい、透明性が高く、市民の皆さまに身近に感じていただける「開かれた市議会」、「議会運営の効率化」等を目指すとともに議会の機能を充実・発展させていくため、議会改革に取り組んでおります」とあります。

　知立市議会（愛知県）のホームページは「市民に開かれた議会・議員が議論する議会・議員が行動する議会を目指し、議会改革に取り組んでいます」とあります。そのほかの議会も「議会改革」に関して様々な書き方をしています。漠然と議会改革は理解できるものの「何を達成したら議会改革は終わり」ということが不明確です。

　議会によっては、議会改革の実行性を担保するために行政計画を用意する事例もあります。桐生市議会（群馬県）、米原市議会（滋賀県）には「議

会改革実施計画」があり、笠岡市議会（岡山県）には「議会改革・議会活性化計画」があります。そのほか少なくない議会でも、同様な行政計画を用意しています。これらの行政計画を確認しても、議会改革を明確に定義しているわけではありません。

　筆者は議会改革の行政計画化を否定しているのではありません。むしろ行政計画があることは重要と考えています。一般的には行政計画に、議会改革を進めていくための多数の事業が明記されます。行政計画の存在が「議会改革PDCA」を進めていく根拠となります。議会改革PDCAをしっかりとまわすことにより、成功の軌道に乗りますし、その先には住民の福祉の増進があります。

　筆者は、本稿で紹介した議会が悪い事例と言いたいのではありません。主張したいのは「議会改革の定義を明確にする」ことです。定義が曖昧であると「何を目指すのか」が漠然としてしまいます。何よりも「これを達成したら議会改革は終了」がわかりません。その結果、ずるずると議会改革が続くことになります。そして気が付くと議会改革をすることが目的化している状態に陥ってしまいます。確認しておきたいのは、議会改革は手段ということです。

いつから議会改革は始まったのか

　「議会改革」という言葉が注目されるようになったのはいつ頃からでしょうか。過去の新聞記事から検討しました（図表2-2）。使用した新聞は、朝日新聞、産経新聞、毎日新聞、読売新聞です。

　1985年6月28日の朝日新聞（東京夕刊）に「議会改革」という言葉が初めて登場しています。その中で元参議院議員の紀平悌子氏が「今度の選挙は都議会改革のチャンスにすべきだと思います」とコメントしています。この発言に「議会改革」という言葉が使われています。その後、1980年代後半には「議会改革」という言葉がいくつか見られますが、当時の対象は地方議会ではなく、国外の議会や国政レベルの話題でした。

Ⅱ　明確な定義が見当たらない「議会改革」

図表2-2　全国紙における1年間に「議会改革」が登場した回数

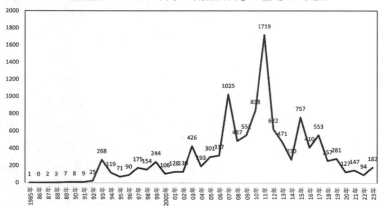

注）全国紙とは、朝日新聞、産経新聞、毎日新聞、読売新聞である。新聞・雑誌記事横断検索を活用した。1984年6月以降の新聞記事である。完全にすべての記事を把握できているわけではない。傾向をつかむという意味がある。

　図表を確認すると、1990年代に「議会改革」という言葉が急激に増え始めます。特に1992年が25回であり、1993年が268回と飛躍的に増加しています。この記事の多くが議会の不正を糾弾する内容です。

　議会の不正の発端は尼崎市議会（兵庫県）です。1992年9月30日に同市議会において、議員が行政視察出張旅費を不正受給した後、返却していた事実が明らかになりました。辞職勧告を受けた議員は、議会全体にわたって不正出張が事実上の慣行となっていた実態をマスコミに暴露しました。そのことより、全国的に尼崎市議会のカラ出張問題が報道されることとなりました（詳細は省略しますが、当該議員に問題があったのではなく、旧来からの議会の仕組み（慣行）が、結果として「不正」となりました）。

　尼崎市議会の不正は同市議会に限定されるのではなく、多くの他議会でもありました。その結果、多くの地方議会で「議会改革をしなくてはいけない」という機運が生まれました。具体的には、個人視察や海外視察の中止、タクシーチケットの廃止、議会改革協議会の相次ぐ設置、議会関連情報の全面公開の徹底などが増えました。

　これが1992年だったことから、筆者は1992年を「議会改革元年」と位置づけています。つまり、その後の30年以上もの間、議会改革が続けられて

いるということです。この長期間にわたる取り組みには敬意を表しますが、一方で「議会改革が惰性に流れているのではないか」という印象も否めません。議会の中には「議会改革の日常化」という現象も起きているように感じます。さらに言うと、30年以上も「議会改革」を続けている事実は、目に見える成果が出ていないことの証左とも言えます。こうなってしまうのは「議会改革」の定義が不明確ということが一つの原因と考えます。

最後に蛇足です。1992年に始まった議会改革は、マスコミに叩かれて始まった経緯があるため「消極的議会改革」と称しています。一方で2006年の北海道栗山町の議会基本条例の制定から始まった現象を「積極的議会改革」と捉えています。

Ⅲ 議会報告会の目的を問い直す

議員の皆さんから、議会報告会についての相談がよく届きます。特に、議会基本条例を制定する際に「議会報告会を規定として設けなくてはいけない」と考えている傾向が強いようです。議会の中には「議会報告会をしなくてはいけない」という観念があるようです。

本来であれば、議会報告会は「手段」であり、何かを達成するために実施されるべきものです。しかし、最近の議会報告会は「何を達成するか」を見失い、議会報告会を実施すること自体が目的になってしまっているように感じます。

本項では「議会報告会」をテーマに、その現状や目的について考えます。また、筆者が関わってきた藤沢市議会の取り組みも紹介しながら、議会報告会がどうあるべきかについて問題提起したいと思います。

議会基本条例における議会報告会の現状

議会報告会の現状について確認します。「全国条例データベース powered by eLen」によると、1,015の議会基本条例が抽出されます（2024

Ⅲ 議会報告会の目的を問い直す

年12月15日現在)。その中で「議会報告会」を明確に規定しているものは563条例です。「意見交換会」という文言で記載されている場合もありますが、563条例は、あくまで「議会報告会」という言葉のみでカウントしたものです。

しかし、議会基本条例に議会報告会を盛り込んでいない議会が、議会としての機能を果たしていないかというと、決してそうではありません。議会報告会がなくても、議会は十分に機能するのです。それなのに「議会報告会至上主義」が広がっている現状には、注意が必要です。

議会報告会の目的とは何か

議会報告会の目的を改めて確認してみましょう。図表2－3は、議会基本条例における議会報告会の条文規定です。それぞれの条文規定から、議会報告会の目的を把握してみます。

図表2－3 「議会報告会」の条文規定

議会基本条例	条文規定
北上市議会基本条例	（意見交換会及び議会報告会） 第8条 議会は、市政の課題に対処するため、議員と市民が自由に情報及び意見を交換する意見交換会並びに市民に議会の活動状況を報告する議会報告会を開催するものとする。
日光市議会基本条例	（議会報告会） 第10条 議会は、市政の課題全般に柔軟に対処するとともに、市民に対する説明責任を果たすため、議員及び市民が自由に情報や意見を交換する議会報告会を行うものとする。
西条市議会基本条例	（議会報告会） 第12条 議会は、市政の諸課題に柔軟に対処するため、市政全般について、議員及び市民が自由に情報及び意見を交換する議会報告会を行うものとする。
春日部市議会基本条例	（議会報告会） 第11条 議会は、市民の多様な意見を把握し、今後の意思決定に反映させるために、市民への報告の場として、議会報告会を開催するものとする。

Ⅲ 議会報告会の目的を問い直す

　北上市議会（岩手県）は「市政の課題に対処するため」、日光市議会（栃木県）では「市政の課題全般に柔軟に対処し、市民に対する説明責任を果たすため」、西条市議会（愛媛県）では「市政の諸課題に柔軟に対処するため」としています。春日部市議会（埼玉県）は「市民の多様な意見を把握し、今後の意思決定に反映させるため」と書かれています。

　ここで注意したいのは、これらの目的を達成する手段が「議会報告会だけではない」ということです。例えば、市民の多様な意見を把握するにはアンケート調査を実施する方法もあります。八王子市議会（東京都）では、議会基本条例にアンケート調査の実施を明記しています。議会報告会の目的を達成する手段は他にもたくさんあるのです。ちなみに、議会基本条例にアンケート調査を規定しているのは、石岡市議会（茨城県）、東村山市議会（東京都）、多摩市議会（東京都）、鎌倉市議会（神奈川県）、小田原市議会（神奈川県）等と少ない状況があります。

　また、「市民に対する説明責任を果たすため」という目的も、議会広報誌や議会ホームページの活用で達成できます。それでも、議会報告会が一つの手段として重要であることに変わりはありません。ただし、目的が明確でないまま「議会報告会ありき」となってしまうのは問題だと思います。

藤沢市議会の「カフェトークふじさわ」

　議会報告会の形式は様々です。中でも、藤沢市議会（神奈川県）の取り組みは参考になる事例です。藤沢市議会基本条例では「広報広聴機能の充実」として議会報告会を位置づけています（第9条）。同条第1項は「議会は、市民に対し議会活動に関する情報を積極的に公表し、議会に対する市民の意思の把握及び意見を交換する場として議会報告会を開催するものとする」です。

　藤沢市議会における議会報告会の目的は「議会に対する市民の意思の把握及び意見を交換する場」とされており、市民との意見交換を重視しているのが特徴です。しかし、藤沢市議会の議会報告会も過去には課題があり

Ⅲ　議会報告会の目的を問い直す

ました。主なものは以下の5点です。

① 参加者が固定化している。
② 参加者の中でも発言する市民が限られている。
③ 一人ひとりの発言が長く、他の市民が発言する時間がなくなってしまう。
④ 発言の内容が苦情や陳情に偏りがちである。
⑤ 議会と市民が対立してしまい、建設的な意見交換の場にならない。

　藤沢市議会に限らず、他議会の議会報告会の中には、議会と市民が対立してしまい、市民の議会への不信感を増長してしまう議会報告会もあります。こうなってしまう理由の一つに、図表2-4のような対面形式に原因があると捉えています。

　対面形式は、結果として「対決姿勢」を生むことになります。対面形式は対立構造から対決姿勢へと変化するという危険性を内包します。実際、過去の藤沢市議会の議会報告会も対面形式であり、議会と市民が対立してしまうことがあったようです。

　藤沢市議会は、そのような反省から、ワーク・ショップ形式（図表2-5）を採用しました。名称も「カフェトークふじさわ」と柔らかくしました。ワーク・ショップ形式は参加者がテーブルを囲んでワイワイガヤガヤと意見交換することです。同形式は、議員も市民も参加者が同じテーブルを囲んで、設定したテーマについて意見交換を行います。参加者各々が同じところに視線を向けるため、意識の共有化が図られ、対立化する傾向は抑えられます。

　さらに、対面形式は、苦情を言うのは市民であり、それに対応するのは議員という構図になります。一方で、ワーク・ショップ形式の場合は、苦情を言うのは市民であり、それに対応するのも市民となります。つまり「市民対議員」から「市民対市民」という関係性になります。その結果、市民の議会への苦情が少なくなるという特徴もあります。

Ⅲ　議会報告会の目的を問い直す

図表2-4　議会報告会の「対立構造」

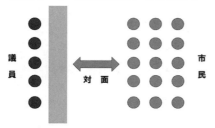

対面形式は、対立構造を招いてしまう。テーブルがあると、偉そうな感じを与え、より激化する傾向がある。

図表2-5　議会報告会の「共有構造」

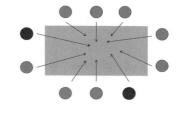

視線がテーブル（の中心）に向くことで、参加者の意識が「共有」されやすい。

藤沢市議会の成果

　「カフェトークふじさわ」は10年目を迎えました。いずれも市民から好評を得ています。その目的である「議会に対する市民の意思の把握及び意見を交換する場」も達成されています。また、議会報告会で得られた意見は議会として取りまとめ、執行機関に提言するという形で活用されています。このように、議会報告会が議会政策の「PDCAサイクル」として機能し始めているのです。

　議会報告会は手段の一つであり、その目的が明確でなければ意味がありません。藤沢市議会の取り組みのように、議会報告会を柔軟に運営することで、市民の意見を効果的に反映させることができます。「議会報告会だからこうしなければならない」といった固定観念を取り払い、それぞれの議会が独自の報告会の形を模索することが大切です。

　議会報告会の目的を再確認し、より良い形で市民と意見を交わせる場を作っていければ、それが議会と市民の信頼関係を築き、真の地方自治の発展につながるのではないでしょうか。

Ⅳ 議員定数の削減の前にすること

望ましい議員定数とは？

　これまで多くの議会が「望ましい議員定数とは何か」を模索してきました。現在は少なくない議会が議員定数のあり方について委員会を設置しています。中には第三者機関を設置している議会もあります。

　このように、今も多くの議会が議員定数の最適解を探していますが、実際には誰もが納得する答えは存在しません。もしかすると、何かしらの方程式があるのかもしれませんが、筆者はそれを知りません。

　過去には「議員定数は少ないほうが費用はかからないため良い」という意見が強く、議員定数削減が盛んに議論されました。特に2010年頃には、名古屋市や防府市（山口県）で市長と議会の対立が大きな注目を集めました。名古屋市では、市長が議員定数を75人から38人に減らす条例案を提案しましたが、議会が否決しました。防府市でも市長が定数27人を13人に減らす条例案を提出しましたが、同様に議会で否決されました。

　2011年には帯広市（北海道）において、市民による直接請求も行われました。同市では「市民絆の会」が議員定数を12人減らして20人にするよう請求しましたが、これも否決されました。さらに、2013年には山陽小野田市（山口県）で議員定数を20以下に減らす住民投票が行われましたが、投票率が50％を下回り、不成立となりました。

　こうして、2010年代前半は議員定数削減の議論が盛んに行われてきました。その後は少し落ち着いてきたものの、依然として「議員定数削減ありき」で動いている議会も少なくありません。参考までに、地方議会の議員数の推移を見てみると（図表２－６）、過去20年で議員数はほぼ半減しています。市町村合併の影響もありますが、これ以上の削減は限界に近づいているのではないでしょうか。

　議会は「合議体」です。合議体とは、複数の構成員が話し合いによって

Ⅳ　議員定数の削減の前にすること

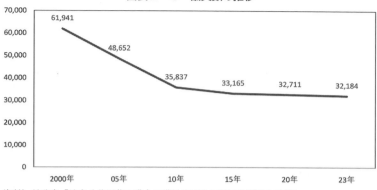

図表2-6　議員数の推移

資料）総務省「地方公共団体の議会の議員及び長の所属党派別人員調」

意思を決定する組織です。この観点から考えると、最低でも3人以上の議員が必要です。もし「議員数が少ないほど良い」という考え方が正しいのであれば、定数3人が最適解となるでしょう。しかし、それでは民意を十分に反映することは難しくなります。

ちなみに、現在定数5名で運営している議会があります。北山村議会（和歌山県）と北大東村議会（沖縄県）です。2020年国勢調査によると、北山村の人口は404人であり、北大東村は590人となっています。

定数削減の前に実施すべきこと

筆者は「議員定数を削減する前にやるべきことがある」と考えています。まず、次の問いに答えてみてください。

【問1】1議員で1仕事を担当している場合、10仕事は何人の議員が必要でしょうか。

【問2】能力の高い議員が多く、1議員で2仕事を処理する場合は、10仕事は何人の議員が必要でしょうか。

【問3】能力の低い議員が多く、1議員で0.5仕事を処理する場合は、10仕事は何人の議員が必要でしょうか。

Ⅳ　議員定数の削減の前にすること

　答えは次のとおりです。問1は「10人」、問2は「5人」、問3は「20人」です。つまり、議員の能力によって「適切な議員定数」は変わるということです。議員定数を削減する前に、まずは議員一人ひとりの能力を高めることが求められるのではないでしょうか。

　議員の能力開発について議論することなく、いきなり定数削減に進む議会が少なくありません。これは「能力開発をするつもりはないので、議員を減らして対応します」と言っているようなものです。議会としての存在意義を否定しているとも言えるでしょう。

　議員の能力を高めるために、筆者は議会基本条例に「議員研修」を明記し、意識的かつ積極的に研修を進めるべきと考えています。例えば、福島町（北海道）では「福島町議会議員研修条例」を制定しています。福島町条例は「議員の研修に関し必要な事項を定めることにより、議員の資質の向上と議会活動の活性化を図り、もって町政の健全な発展と住民福祉の増進に寄与する」（要約）ことが目的です（第1条）。そして「研修の実施計画」（第4条）を定め「研修の義務」（第5条）が明記されています。議会として研修により議員の能力開発を進めていく意思が感じられます。

　また、議員の能力向上を促すために「議員提案政策条例」に取り組むことも有効です。さらに、専門分野の人材を育成し、議員同士が役割分担（適材適所）を行うことも重要です。

最少の経費で最大の効果を目指す

　どうしても議員定数を削減するのであれば、「最少の経費で最大の効果」を基本とすべきです。地方自治法第2条第14項には、「地方公共団体は、最少の経費で最大の効果を挙げるよう努めなければならない」（要約）と書かれています。

　この観点から考えると、人口1,000人あたりの議員数は、少ないほうがいいかもしれません。その理由は、数字だけの観点になりますが「最少の経費で最大の効果」が達成される可能性が高まるからです。しかしながら、

Ⅳ　議員定数の削減の前にすること

議員数は少ないけれども、1人あたりの報酬が高いと最少の経費で最大の効果は達成できないかもしれません。重要なことは、議員数で捉えるのではなく、トータルとしての議会費の削減を考えることです。

このように「最少の経費で最大の効果」の観点に立つと、議員報酬や議員の政務活動費などの個別の費用を対象とするのではなく、議会費という全体の費用を捉えることが大切です。議員定数の削減のみによる最少の経費で最大の効果を目指していくよりも、議会費全体としての観点から最少の費用で最大の効果を達成していくことが求められます。議会に係る費用を洗い出し、その中で削減できる費用を対象とする必要があるでしょう。

ただし、地方自治体の歳出（目的別）を確認すると、議会費は全体の1％程度です（1％に満たない議会費が多い）。僅かな議会費の削減を検討しても、すぐに限界がきます。議会の一つの役割である行政監視機能を発揮するのならば、99％を占める執行機関の歳出に切り込むほうが「最少の経費で最大の効果」を達成するために賢明です。歳出の内容を確認すると、無駄や不必要なケースが少なからずあります。これらの削減を求めることにより、すぐ数％がカットできることがあります。

例を挙げると、湯河原町議会基本条例では、議員定数の改正にあたり「経費削減の視点だけでなく、町政の課題や将来展望、多様な意見の反映を考慮する」と明記されています。つまり、議員定数は経費削減だけで決めるものではないということです。

議員定数を削減する前に、まずは議員一人ひとりの能力を高める取り組みを行うべきです。議会としての機能を強化し、議員の政策立案能力や行政監視能力を向上させることで、議会はより住民の信頼に応える存在になります。

また、「議員定数ありき」ではなく、議員数と議会費を総合的に見直し、「最少の経費で最大の効果」を目指すことが大切です。経費削減のためだけに議員定数を減らすのではなく、地方自治の発展と住民福祉の増進にどうつなげるかを考えなければなりません。

議員定数は、単なる数の問題ではなく「議会の質」と「議員の能力」に

V　政務活動費における不祥事をどうするか

　住民が議会に対して不信感を抱く大きな要因の一つは、議員による不祥事が後を絶たないことにあります。もちろん、多くの議員の方々は真摯に活動を行っていますが、一部の議員による不祥事が大きく報道されることで、議会全体に対する信頼が損なわれる結果となっています。

　近年も議員の不祥事は後を絶ちません。覚醒剤の使用や窃盗容疑で逮捕された事例をはじめ、選挙違反や職員へのハラスメントなど、様々な問題が報じられています。職員へのハラスメント問題に関連して、川越市議会（埼玉県）では「川越市議会ハラスメント根絶条例」を制定しました。この条例は、市議が市職員に対してハラスメント行為を行ったとされる事例を受けて作られたものです。

　特に多いのは、「政務活動費」に絡む不祥事です。本項では、この政務活動費の問題について考えてみたいと思います。ただし、筆者にはこれを完全に解決する妙案はありません。多くの議員や学識者との意見交換を行いましたが、「これだ！」という案には至りませんでした。そのため、ここでは政務活動費の現状を整理し、読者の皆様への情報提供を目的とします。

政務活動費の現状

　政務活動費は、議員報酬とは別に地方議員の政策立案を支援するため、自治体が支給する公費です。以前は「政務調査費」と呼ばれていましたが、2013年3月施行の地方自治法改正により「政務活動費」と名称が改められ、使用用途が調査研究以外にも拡大しました。

　地方自治法第100条第14項では、政務活動費の使用目的や基準について各

Ⅴ　政務活動費における不祥事をどうするか

自治体が条例で定めることを求めています。また、第100条第16項では「議長は、政務活動費の透明性を確保するよう努める」（要約）と規定されています。しかし、この透明性が十分に担保されているかについては疑問が残ります。

　現在、都道府県議会や市区議会の約90％で政務活動費が支給されていますが、町村議会では約20％にとどまっています。また、支給額には幅があり、月額60万円程度から約1万円程度まで様々です（町村議会の多くでは支給がありません）。

　全国市議会議長会は、毎年度、政務活動費の状況を公表しています（図表2-7）。これを見ると、規模の大きな自治体ほど政務活動費が支給される傾向があります。一方、一般社団法人地方行財政調査会は「市区議会における政務活動費に関する調べ」をまとめています（2017年1月6日発表）。同調査では、341市区議会が政務活動費の使途基準を見直しており、今後の見直しを予定している議会も33あります。また、対応策として「第三者機関の設置による会派のチェック体制の強化」や「インターネットでの情報公開」などが挙げられています。

　さらに政務活動費の使用用途に関する具体例としては、調査研究のための資料購入費や、地域住民との意見交換会を開催するための会場費などがあります。このような正当な利用目的以外の不正使用が、不祥事の根本原因となっています。そのため、適切な運用と厳格な監視体制が求められます。

図表2-7　政務活動費の交付状況

人口段階別	交付している	交付していない	その他
5万人未満 300	231 (77.0%)	68 (22.7%)	1 (0.3%)
5～10万人未満 235	215 (91.5%)	19 (8.1%)	1 (0.4%)
10～20万人未満 148	146 (98.6%)	2 (1.4%)	0 (0.0%)
20～30万人未満 48	48 (100.0%)	0 (0.0%)	0 (0.0%)

Ⅴ　政務活動費における不祥事をどうするか

30～40万人未満 30	30 (100.0%)	0 (0.0%)	0 (0.0%)
40～50万人未満 19	19 (100.0%)	0 (0.0%)	0 (0.0%)
50万人以上 15	15 (100.0%)	0 (0.0%)	0 (0.0%)
指定都市 20	20 (100.0%)	0 (0.0%)	0 (0.0%)
全市 815	724 (88.8%)	89 (10.9%)	2 (0.2%)

「その他」は、交付を凍結している市及び特例条例により一時的に支給を停止している市。
資料）全国市議会議長会「市議会の活動に関する実態調査結果（令和5年中）」
注）令和5年12月31日現在。単位は「市の数」である。

政務活動費は議会不振の温床？

　政務活動費に関連する不祥事は後を絶ちません。2019年2月、富山市議会では政務活動費の不正支出が発覚し、議長が辞任しました。また、2016年には同市議会で14人もの議員が不正受給問題で辞職しています。さらに、和歌山市議会や埼玉県議会でも不適切な支出や虚偽公文書作成が問題となりました。

　これらの問題の多くは、政務活動費の目的外使用に起因しています。例えば、スナックでの飲食代や登山用具の購入、家族のためのガソリン代の請求などが挙げられます。これらの事例は、議員のモラルに問題があるとされる一方、政務活動費の管理体制にも課題があると言えます。

　政務活動費の不祥事が大きく話題になったのは2006年です。当時は政務調査費と称されていました。同年12月に目黒区議会議員の大多数が政務調査費を不正に使用、もしくは私的流用をしていることがオンブズマンの調査により判明しました。同事件は全国的に報道されました。政務調査費の目的外使用は、目黒区議会だけではなく、他の議会でも見られました。同事件を受けて全国的に政務調査費に関する住民監査請求や訴訟・刑事告発が増加しました。

V　政務活動費における不祥事をどうするか

　一部の学識者は、こうした問題を受けて「政務活動費の廃止」を主張しています。しかし、筆者は政務活動費の存在そのものを評価しています。政策立案を進めるためには、一定の費用が必要であるからです。政務活動費を縮小または廃止することは、議員の政策立案能力を低下させる可能性があると考えます。

　また、政務活動費の有効性を高めるためには、議員自身の自律的な努力も必要です。例えば、予算の使い道を住民に積極的に報告することで、信頼関係を構築することができます。さらに、不正使用のリスクを低減するための教育や研修を導入することも効果的です。

性悪説に基づく対応

　現在の政務活動費の運用は、基本的に性善説に基づいています。しかし、不祥事が続く現状を踏まえると、性悪説に立った対応が必要です。具体的には、監視体制を強化し、不祥事が発生した場合には厳しい処分を行うことが求められます。

　現状では、政務活動費の使用用途について議会事務局がチェックを行っていますが、これに加えて弁護士や公認会計士、大学教員などの第三者による監視体制を導入すべきです。また、第三者機関を設置し、合議制でチェックを行う仕組みを整えることが望まれます。さらに、議員同士や会派同士による相互チェックも効果的です。

　不祥事を起こした議員に対しては、政務活動費を交付しないとするペナルティを科すことも一つの方法です。市川市議会（千葉県）では、「議員が市民の信頼を著しく損なう非違行為をした場合における市川市議会の議員の政務活動費の特例に関する条例」を制定しています。この条例は、信頼を回復するための一歩として機能しています。

　同条例の提案理由は「議員が議会及び市政に対する市民の信頼を著しく損なう反社会性の高い非違行為をした場合においては、その原資を市民の税金とする政務活動費を交付しないこととすることにより、市民の信頼を

Ⅴ　政務活動費における不祥事をどうするか

少しでも回復する必要がある」と記しています。

　また、冒頭で紹介した川越市議会はハラスメント根絶条例に基づき、不祥事を起こした議員の氏名を公表することを定めています。このような社会的制裁を加える仕組みも必要かもしれません。

　加えて、不正行為が明らかになった場合には速やかな返還を義務付けるとともに、継続的な監査体制を構築することが重要です。例えば、定期的に使用状況を公開し、住民からの意見を取り入れることで、透明性を確保する取り組みが考えられます。

議員のモチベーションを上げる取組も

　政務活動費に絡む不祥事を完全に防ぐことは難しいかもしれませんが、その影響を最小限に抑えるための取り組みは可能です。透明性の向上や第三者機関の設置、厳格な監視体制の導入などがその一例です。また、議員のモチベーションを維持するために、制度設計にも工夫が求められます。例えば、投票率の向上に応じて政務活動費を増減させる仕組みなど、新たなアプローチも検討する価値があるでしょう。

　さらに、住民とのコミュニケーションを強化することで、不祥事を未然に防ぐ土壌を作ることが期待されます。住民の信頼を取り戻すためには、議員と住民の間に透明で開かれた関係を築く努力が不可欠です。

　今後も政務活動費の運用について多角的な議論を進め、住民からの信頼を取り戻すための方策を模索することが重要です。このような取り組みが進めば、議会への信頼が回復し、より良い地方自治の実現につながると考えます。

Ⅵ　議会の行政監視機能をどうするか？

　一般的に議会には、執行機関への監視機能（行政監視機能）や政策立案機能（特に政策条例の提案）が求められます。そのほかにも、住民代表機能、利害調整機能、調査機能などが挙げられることがあります。

　議会はこれらの役割を強化し、住民福祉の増進を実現することが求められています。本項では「行政監視機能」に特化し、その現状と展望について考察します。

行政監視機能の現状と実態

　2019年に朝日新聞社が実施したアンケート調査によれば、2015年からの4年間で首長提案を一度も修正や否決しなかった議会は56％に上りました。同様の趣旨の調査を日本放送協会（NHK）も行っており、全国1,788議会のうち、2018年度に執行部提案の議案を否決した都道府県議会はわずか2議会（4％）、市区町村議会では201議会（11.5％）にとどまりました。

　これらの結果から、マスコミを中心に「日本の地方議会は執行機関への監視機能が低調だ」という指摘がなされています。表面的にはそのように見えるかもしれませんが、筆者は必ずしもそうだとは考えていません。

　筆者が自治体職員として働いていた経験からすると、議案は議会提出前に調整が行われることが多いのです。議案が議会で否決されると、住民生活に支障をきたすリスクがあるため、執行機関も議会もこれを避けたいと考えるのが通常です。そのため、職員が議員に対して事前に議案内容を説明し、意見や要望を反映させたうえで修正を加えることがあります。また、過半数の議員の同意を得られないと判断した場合は、議案の提出を見送ることもあります。

　このような調整過程があるため、公式の場で否決される議案は少ないのです。この事前調整については賛否が分かれるところですが、筆者は肯定

Ⅵ 議会の行政監視機能をどうするか？

的な立場を取ります。住民生活への影響を最小限に抑えるためには、一定の事前調整が必要だと考えるからです。

また、事前調整が適切に行われることで、議会での議論がより深く、建設的なものになることも期待できます。議員としても、何も説明がないまま議案を提案されるより、事前に内容を把握しておくことで効率的な審議が可能となります。これは、住民の期待に応えるためにも重要なプロセスだといえます。

議会基本条例と行政監視機能

では、議会基本条例は監視機能をどのように位置付けているのでしょうか。「全国条例データベース powered by eLen」によると、全国には1,015の議会基本条例があり、そのうち948条例に「監視」という文言が含まれています。これは多くの議会が監視機能を重要視していることを示しています。

参考として、議会基本条例における監視機能の条文を抜粋しました（図表2-8）。ちなみに、栗山町（北海道）の議会基本条例では「監視」という言葉は明記されていませんが、監視機能を補強する規定がいくつかあります。具体的には、第7条の「予算・決算における政策説明資料の作成」、第15条の「調査機関の設置」、第18条の「議会事務局の体制整備」などが該当します。このような規定を通じて、議会の監視機能が発揮されることを意図しているのです。

図表2-8　議会基本条例に「監視」の語句が入る条文（抜粋）

条例名	「監視」の語句が入る条文	制定年月日
会津若松市議会基本条例	（監視及び評価） 第10条　議会は、市長等の事務の執行について、事前又は事後に監視する責務を有する。	平成20年6月23日
三重県議会基本条例	（監視及び評価） 第9条　議会は、知事等の事務の執行について、事前又は事後に監視する責務を有する。 （議会の機能の強化）	平成18年12月26日

Ⅵ　議会の行政監視機能をどうするか？

	第11条　議会は、知事等の事務の執行の監視及び評価並びに政策立案及び政策提言に関する議会の機能を強化するものとする。	
八王子市議会基本条例	（議会の活動原則） 第2条第1号　市長その他の執行機関の事務の執行について監視すること。	平成25年9月18日
藤沢市議会基本条例	（議会の活動原則） 第3条　議会は、市長等執行機関の事務執行について、公平性、透明性及び信頼性の観点から、適切に監視し、評価を行うものとする。	平成25年2月28日

　他方で、多くの議会基本条例は「監視機能の強化」を明記しているものの、その具体的な手法については記載が不十分です。そこで、以下では監視機能を高めるための具体策を提案します。

監視機能強化のための具体策

　議会基本条例における規定の工夫により、監視機能を強化することができます。いくつかの事例を挙げて説明します。
　①　質問主意書制度の導入
　　　国会には質問主意書制度があります。国会議員が内閣に対して文書で質問を行い、内閣が回答する義務を負う制度です。同様の仕組みを地方議会の基本条例で導入することは、監視機能の向上につながると考えられます。例えば、鎌倉市（神奈川県）の議会基本条例では第7条に質問主意書が規定されており、議員が市長に対して緊急事案について文書で質問を行うことができます。
　②　立入調査権の規定
　　　執行機関が隠蔽行為を行った場合、大きな問題に発展することがあります。そのため、議会基本条例に立入調査権を規定し、必要に応じて執行機関の活動を調査できる仕組みを設けるべきです。現在、立入調査権を明記した条例は存在しませんが、沖縄県議会基本条例には米軍基地に対する立入調査権が規定されています。この仕組みを参考に

Ⅵ 議会の行政監視機能をどうするか？

することができるでしょう。

　立入調査権を制度化することで、執行機関の透明性が向上し、住民の信頼を取り戻す契機となります。ただし、この権限を乱用しないよう、適切なルール作りが必要です。また、調査結果を住民に公表することで、より高い信頼性を確保することが求められます。

③　年次報告の義務化

　議員提案の政策条例を制定した場合、市長に対してその成果や進捗状況を報告する義務を課す条文を盛り込むことも効果的です。このような年次報告を義務付けることで、議会の監視機能が強化されることが期待されます。

　例えば、報告内容を具体的に定めることで、議員と執行機関の間で透明性の高い関係を築くことが可能となります。これにより、住民の関心を高めるとともに、政策の実効性を検証する仕組みが整います。

④　契約報告義務条例の活用

　久喜市（埼玉県）では、「議会の議決に付すべき契約以外の契約の報告に関する条例」を制定しています。この条例により、執行機関が議会に報告義務を負うことで、透明性の向上と監視機能の強化が図られています。こうした条例の制定は他の自治体でも参考になるでしょう。

　さらに、報告された契約内容を詳細に審査し、不正の兆候がないかをチェックする体制を整えることで、より効果的な監視が可能となります。

議会力の向上と監視機能の充実

　議会の監視機能を強化するためには、制度の整備だけでなく、議員個々の能力向上も重要です。具体的には、議員研修の充実や議会図書館の活用、議会事務局職員の配置強化などが挙げられます。また、退職した職員を再任用することで、専門知識を持つ人材を確保することも一案です。

　監視機能の強化は、一朝一夕に実現するものではありません。しかし、

制度の整備と議員力の向上を両立させることで、住民の期待に応える議会を構築することが可能です。これにより、住民福祉の増進と地方自治の健全化が促進されることを期待します。

　ここまで言及したことは、あくまでも制度が中心です。これらの制度を活用するのは議員です。監視機能の前提として、議会力が必要です。議会力は、議員の能力にかかっています。結局は、議員一人ひとりの能力を高めていくしかないと考えます。

　また、議会と住民とのコミュニケーションを深めることも重要です。議会活動の報告会や住民との意見交換会を定期的に開催することで、議会への理解と信頼を高めることができます。このような取り組みを通じて、監視機能の実効性をさらに向上させることができるでしょう。

　以上の提案を参考に、議会の監視機能を高める取り組みを進めていくことが望まれます。

Ⅶ　議会の評価は誰がするのか①

　議会に関して、個人的に関心のあるテーマがあります。それは「議会活動は誰が評価するのか」という点です。「議員」活動の場合、有権者（住民）が評価を行います。建前としては、有権者が投票行動によって議員個人を評価します。評価の低い議員は落選します。しかし、実際には人気投票の側面や強力な支持層の存在によって当選が左右されることも多く、単純にはいきません。

　一方、議員が集まった合議体としての「議会」は誰が評価するのでしょうか。首長は議会を評価することができません。なぜなら、首長と議会は二元代表制であり、首長には議会を評価する権限がないためです。有権者（住民）は投票行動によって「議員」個人は評価できても、「議会」全体を評価することはできません。地方自治法は議会の解散請求を有権者に認めていますが、これは評価を超えた行為であり、ハードルが非常に高いもの

Ⅶ 議会の評価は誰がするのか①

です。本項と次項（Ⅷ）で、議会の評価について考えていきます。

議会活動の内部評価

　議会の評価には、内部評価と外部評価があります。まずは内部評価について考えます。今日、多くの議会が議会基本条例を制定していますが、これらの条例には「見直し規定」を設けている場合が多いです。

　この見直し規定があるということは、議会活動に対して何らかの評価が行われていると考えられます。しかし、議会のホームページでは、過去の議会活動の経緯や評価結果を明記しているケースはほとんどありません。この事実から、筆者は議会が自らの活動の内部評価を実施しているか疑問に思っています（ただし、公表していないだけで、しっかりと内部評価を行っている可能性もあります）。

　柴田町議会（宮城県）の事例を挙げてみます。柴田町議会基本条例では、第27条の見出しが「見直し手続」となっており、同条第1項条文には「議会は、この条例の制定後も、常に町民の意見、社会情勢の変化等を勘案し、2年ごとに条例の目的が達成されているかを議会運営委員会において検証する」と明記されています。同町議会では、この規定を根拠として「基本条例検証チェックシート」を活用し、議会基本条例の各規定をチェックしています。その後、「検証作業に伴う議会行動計画」を公表しています。このように、議会活動に対してPDCAを回していく意図が伺えます。詳細は柴田町議会のホームページをご覧ください。

　議会の評価は、柴田町議会のように、議会活動をまず内部評価していくことが求められるでしょう。しかし、既存の議会のホームページから判断すると、議会活動を内部評価している事例は少ないようです。所沢市議会（埼玉県）、八王子市議会（東京都）、加賀市議会（石川県）、西脇市議会（兵庫県）など、見つかったのはごくわずかです。

　議会活動の内部評価を実施している議会では、議会基本条例に基づき、①どのような議会活動が展開され、②それらの議会活動を評価し、③評価

の結果を次の議会活動につなげていく、というPDCAのサイクルが進められています。議会がPDCAを意識することで、持続的に発展する可能性が高まります。

　また、議会基本条例の「見直し規定」を用意するだけでなく、議会に関する行政計画を策定することでもPDCAを進める事例があります。徳島県議会基本条例の第30条では、「議会改革行動計画の策定等」として、「議会改革に関する取組を行うため、議会改革行動計画を策定する」（要約）と規定されています。さらに、この計画は議員が改選されるごとに見直されることが明記されています。このように、計画化することでPDCAを回す仕組みが整えられています。

PDCAとは

　多くの読者が理解していると思いますが、PDCAの基本について簡単に確認します（図表2-9）。PDCAとは、民間企業が経営活動を進める際に、「①計画（Plan）」「②実行（Do）」「③評価（Check）」「④改善（Action）」という流れを継続的に繰り返す仕組みです。

　民間企業のPDCAの考え方を行政に応用したものが、政策形成サイクルと呼ばれるものです。政策形成サイクルは、①政策研究、②政策立案、③政策決定、④政策実行、⑤政策評価という一連の流れで構成されます。そ

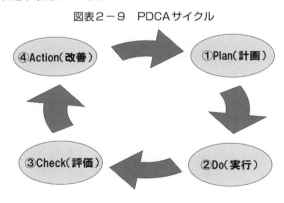

図表2-9　PDCAサイクル

して、⑤の政策評価が①の政策研究に反映され、行政の政策づくりや事業内容が継続的に改善されていく仕組みです。

　当然、このPDCAの概念は議会活動にも必要です。そうしなければ、議

Ⅶ 議会の評価は誰がするのか①

会の継続的な発展は促進されません。しかし、議会活動を「評価（Check）」する取り組みが希薄化しているように感じます。評価がなければ、または弱ければ、「改善（Action）」にもつながりません。

そもそもの話として、議会活動の到達目標が曖昧である場合が多いです。議会の任期4年間のうちに「議会として何を達成するのか」が不明確な場合は、評価をすることは困難です。到達目標が明確になれば、議会基本条例の各規定をしっかりと見直すことで、議会活動を評価していくことが可能になります。

筆者の持論では、当初設定した目標が到達できなくても「仕方ない」と考えるべきです。時代の変化や新型コロナウイルス感染症の影響など、達成が難しい理由が生じることもあります。「仕方ない」と捉えた後は、達成できなかった理由を明確にし、次に活かすことが重要です。当初設定した指標が達成できなかった理由を検証することで、健全なPDCAが実現します。

形骸化する「見直し規定」

読者の皆さんが議員であり、議会基本条例が制定されている場合、「見直し」はされていますか？

筆者が調べたところ、多くの議会基本条例には「見直し規定」が明記されていますが、実際には見直しされていないケースが多いようです。

見直し規定の多くは「必要があると認めるとき」と記されています。この「必要があると認めるとき」という文言に基づき、議会が見直しをしない選択をしている場合があります。すなわち、議会が議会基本条例を「見直しする必要はない」と判断していると推察します。そのため、議会基本条例が「つくりっぱなし」になる状況が見られます。議会基本条例は、時代の変化に対応するために定期的な見直しが求められるべきです。

繰り返しになりますが、議会基本条例に「必要があると認めるとき」と明記しているのならば、毎年度「…という理由で、議会基本条例を見直す必要があると認めないため、現行の議会基本条例のままとする」と公表す

る必要があると考えます。それが議会基本条例の健全な評価につながっていきます。「見直しをする必要があると認めない」ことも、しっかりと議会として対外的に公表していくべきです。

　もちろん「見直しすること」が目的化されては困ります。しかし、現実を確認すると「必要があると認めるとき」と明記している議会基本条例は、実質的には「見直しは実施しない」という含意があるように感じます。見直しされない議会基本条例は時代遅れとなり、死に体となっていきます。

　本項では議会基本条例による議会活動の内部評価に関して検討してきました。次項（Ⅷ）では議会活動の外部評価について考察します。内部評価の整備が進めば、外部評価との相互作用が期待できます。外部評価を通じて得られる知見も重要であり、議会運営をさらに発展させるヒントとなるでしょう。

Ⅷ　議会の評価は誰がするのか②

　議会基本条例の内部評価は一定数見られますが、外部評価は少ないようです。内部評価をしないよりは、実施したほうが良いと考えます。しかし、内部評価だけでは独りよがりな主観的評価、いわゆる自己満足に終わる可能性があります。可能であれば外部評価を取り入れることで、客観性を担保できると考えます。

　本項では、議会基本条例における内部評価の規定を紹介し、その後、議会の外部評価について考察します。

議会基本条例における内部評価

　所沢市（埼玉県）の議会基本条例では、第34条が「議会評価」を規定しています。この条文では「議会は、説明責任を果たし、透明で市民の負託に応えられる議会の実現及び議会運営の活性化を図るため、議会が実施する事業及び議会改革について毎年度評価を行い、その結果を市民等に公表

Ⅷ 議会の評価は誰がするのか②

するとともに議会活動に反映させるものとする」と明記されています。同規定に基づき、所沢市議会は毎年度「議会評価報告書」を公表しています。

さらに、所沢市議会は「議会基本条例第31条の規定に基づく検討結果報告書」も公表しています。この第35条とは、「議会は、議員の一般選挙後、速やかに、この条例の目的が達成されているかどうかを議会運営委員会において検討するものとする」という条文です。その見出しは「見直し手続」とされています。この「目的が達成されているかどうか」という規定に基づいて作成されたのが検討結果報告書です（なお、同報告書は最後が2019年となっています）。

所沢市議会の取り組みは、議会基本条例を忠実に実施し、議会活動のPDCAを確実に回している良い事例と言えます。

筆者は議会評価や執行機関の行政評価に携わった経験がありますが、「評価を行う」という作業は非常に多くの時間と労力を要します。そのため、議会評価を敬遠する傾向が見られます。また、評価を実施するためのノウハウ不足も一因となり、議会基本条例の評価を避ける傾向があるのかもしれません。そのような中で、所沢市議会が自らの取り組みを見直し、議会改革を進めている点は非常に評価できるでしょう。

坂町（広島県）の議会基本条例にも、議会評価の規定があります。第11条「議会及び議員の評価」では、第２項に「議会は、継続した議会改革を行うために、議会評価を１年毎に行い、評価の結果を町民に公表する」と明記されています。この条文は「議会」という合議体全体を対象としています。一方、第３項では「議員は、町民の代表者であることを常に認識し、議員自らが自己の活動について１年毎に評価し、評価の結果を町民に公表する」とされており、「議員」個人の活動についても評価を課しています。

議会基本条例における議会の外部評価

議会基本条例に外部評価の規定を設けている事例は少ないですが、各議会では何らかの形で評価を実施していると推測されます。外部評価には大

きく分けて、①住民による評価、②有識者による評価があります。

前者の住民による評価を取り入れている事例として、北海道の芽室町議会基本条例があります。同条例の第10条「議会白書、議会の自己評価」の第2項には「議会は、議会の基礎的な資料・情報、議会の評価等を1年ごとに調製し、議会白書として町民に公表します」と規定されています。

この規定に基づき、芽室町議会（北海道）では住民を対象にアンケート調査を実施しており、その結果を「町民による議会活動評価」として公表しています。また、「芽室町議会白書」も毎年作成されており、住民からの意見を取り入れた外部評価の一環と見ることができます。

滝沢市（岩手県）の議会基本条例にも住民による評価が明記されています。同条例第35条「議会の評価」では、「議会は、議会運営を効果的かつ効率的に行うため、さらには継続した議会改革を行うため、政策立案、自治立法活動、調査活動その他議会の運営に関する事項について議会評価を実施するものとする」と定められています。また、第4項では「議会は、第1項の議会評価を行う場合は、市民が参加できるよう努めるものとする」とされています。

さらに、由布市（大分県）の議会基本条例には第9条に「市民による議会評価の機会の確保」という規定があり、「議会は、傍聴者アンケート、議会広報誌への投稿、意見交換会等における市民からの意見聴取等により、市民から議会活動に対する評価を受ける機会を確保する」と明記されています。

また、浦幌町（北海道）の議会基本条例第22条「議会の評価」では、第3項に「議会は、前項の議会の評価と合わせて、議会モニターによる外部評価を行い、町民に公表する」と規定されています。同条文には「外部評価」という表現が直接的に盛り込まれています。

オンブズパーソンによる外部評価も一例です。オンブズパーソンとは「行政を監視し、改善を図る役割を持つ者または団体」を指します。行政監視には議会も含まれるため、オンブズパーソンが議会を評価するケースがあります。かつて相模原市では「相模原市議会をよくする会」という団体が

Ⅷ 議会の評価は誰がするのか②

議員の活動を通信簿形式で評価していました。同様の取り組みは名古屋市や尼崎市（兵庫県）などでも見られます。

筆者の関わった議会評価

　以前、筆者は八王子市（東京都）や横須賀市（神奈川県）の議会基本条例の外部評価を経験しました。八王子市議会基本条例第20条「見直し手続」では、「議会は、この条例の目的が達成されているかどうかを、市民や有識者等の意見を聴取した上で検証を行うものとする」と明記されています。具体的な評価手順は次の通りです。

① 有識者の意見を聴いて評価（見直し）を行うことを決定しました（議会運営委員会）。
② 有識者のアドバイスで議会の取り組みを条文ごとに分類し、評価内容を得点で示す方式としました。
③ 取り組みを基本条例の条文ごとに分類し、一覧表にした「評価シート」を作成しました（議会運営委員会）。
④ 評価シートを使い、会派ごとに達成度を内部評価しました（内部評価）。同時に有識者による外部評価も依頼しました（外部評価は有識者3名から構成されます）。
⑤ 会派ごとの得点の加重平均値をもとにして、市議会全体の内部評価点を決定しました（議会運営委員会）。
⑥ 評価会議を開催しました。同会議は公開です。内部評価点の発表と、外部評価（有識者評価）と大学生評価を受けました。
⑦ 外部評価から提示のあった提言をもとに、評価の第2段階に入りました。
⑧ 議会報告会において見直しをテーマにし、市民意見の聴取を行いました。

　議会評価は継続的な改善の基盤です。評価がなければPDCAを回すこと

も難しく、議会活動の発展も期待できません。その後、八王子市議会は改選を迎え、議会運営委員会で検証結果を受けた取り組みを、着実に実現に向けて進めています。

話はそれますが、筆者は議会基本条例だけではなく、会派が掲げたマニフェスト（公約）の見直しにも、外部評価として関わった経験があります。評価の流れは、次のとおりです。

① 会派が掲げたマニフェスト（基本政策）の各項目につき本会議、委員会、予算委員会、決算委員会における各議員の発言の有無を確認しました。また予算要望等も評価の対象としました。
② ①を参考としつつ、執行機関の取組み状況を概観しました。概観した視点は、執行機関においてどれだけ実行され実現しているか（実行実現項目）、また今後の拡大の可能性（拡大予定項目）を把握しました。
③ ①と②を確認し、内部評価と外部評価を実施しました。マニフェストに掲げられた各項目について5点満点で評価しました。
④ その後、市民を対象に報告会を実施しました。

依然として議会評価が少ないように感じます（特に外部評価です）。議会活動は「やりっぱなし」では意味がありません。議会は自らの活動を客観的に見直し、PDCAをまわして、議会の進化と深化を目指すべきです。

Ⅸ 議会視察の法的根拠とその効用

筆者は「視察」に大きな意義を見出しています。一部では視察に否定的な見解もありますが、そうは考えていません。昔から「百聞は一見にしかず」という格言があります。これは「百回聞くより、一度見るほうが理解を深めることができる」という意味です。

筆者自身、現場に足を運び、当事者の話を直接聞いたり、自分の目で実情を確認したりすることで、多くの知見を得てきました。本項では、議会

Ⅸ 議会視察の法的根拠とその効用

(議員)の「視察」を考えます。

視察の法的根拠

　議会の行政監視機能を確立したり、政策立案機能を高めたりするために、視察は非常に有意義です。地方自治法における視察の位置づけを確認してみましょう。

　地方自治法の中で「視察」という言葉が出てくるのは、第157条第2項です。この条文には「前項の場合において必要があるときは、普通地方公共団体の長は、当該普通地方公共団体の区域内の公共的団体等をして事務の報告をさせ、書類及び帳簿を提出させ及び実地について事務を視察することができる」と記されています。

　この場合、主語は「長」であり、「長が視察を行うことができる」という意味です（実際には、長自身が視察を行うことは少なく、権限を委任された補助機関が視察を行うことが一般的です）。また、「前項」とは、「普通地方公共団体の長は、当該普通地方公共団体の区域内の公共的団体等の活動の綜合調整を図るため、これを指揮監督することができる」になります。

　それでは、議会（議員）の視察の法的根拠はどこにあるのでしょうか。よく指摘されるのが、地方自治法第100条第13項です。この条文には「議会は、議案の審査又は当該普通地方公共団体の事務に関する調査のためその他議会において必要があると認めるときは、会議規則の定めるところにより、議員を派遣することができる」とあります。

　そして「会議規則」に関しては、全国市議会議長会が定めた標準市議会会議規則においても確認できます。第167条見出しには「議員の派遣」と記されており、同条第1項では「法第100条第13項の規定により議員を派遣しようとするときは、議会の議決でこれを決定する。ただし、緊急を要する場合は、議長において議員の派遣を決定することができる」と規定されています。第2項では「前項の規定により、議員の派遣を決定するに当たつては、派遣の目的、場所、期間、その他必要な事項を明らかにしなければ

ならない」と記されています。

　このように、地方自治法に基づいて議会（議員）の視察が行われていますが、筆者は議会基本条例でも視察の法的根拠を明確化するべきだと考えます（現在は地方自治法から委任された会議規則での明記となっています）。筆者は、地方自治法だけでは法的根拠が曖昧な印象を持っています。

　「全国条例データベース powered by eLen」を用いて議会基本条例を調査したところ、「視察」を明確に規定しているものは100条例弱となっています。この結果からも、議会基本条例における視察の規定が不足していることが分かります。

議会基本条例における「視察」

　既存の議会基本条例から「視察」に関する規定をいくつか確認してみます。

　三浦市（神奈川県）の議会基本条例では、第5条の見出しが「議員の活動原則」となっています。同条第2項には「議員は、調査、研究及び視察を不断に行い、自己の能力を高めるよう努めるとともに、積極的に政策の提案を行うものとする」と明記されています。

　井原市（岡山県）の議会基本条例第18条では、「広聴広報活動」という見出しのもと、第3項に「委員会の行政視察並びに政務活動費を使用して行う研修及び個人視察の報告書は、議会広報誌及びホームページで公開するとともに、自由に閲覧できるようにしなければならない」と規定されています。そのほかの視察に関する条文は図表2－10のとおりです。

図表2－10　「視察」に関する条文

議会基本条例	条文
春日部市議会基本条例	（議会の機能強化） 第6条　議会は、法第100条の2の規定により、専門的知見を活用することができるものとする。 2　議会は、政策立案に資するため、必要な研修及び視察を行うことができるものとする。

Ⅸ 議会視察の法的根拠とその効用

	3 議会は、前項の研修及び視察を行ったときは、その結果を市民に公表しなければならない。
丹波市議会基本条例	（行政視察） 第19条 委員会は、行政の基本的施策等について提言し、市民の利益の実現を図っていくために、他自治体の先進事例を研修することにより市政に反映するものとする。 2 行政視察終了後速やかに報告書を作成し、議長に提出するとともに本会議で報告し、議会広報等により市民に情報の公開をするものとする。
多摩市議会基本条例	（調査・政策立案） 第14条 議会は、地方自治法第100条の2の規定に基づく学識経験を有する者等による調査を必要に応じて活用しなければなりません。 3 議会は、政策立案に資するため、必要な調査、研修及び視察を行い、その結果を市民に公表、報告しなければなりません。

　平群町（奈良県）では視察を規則で定めています（会議規則の中で規定しているのではなく、視察に関する規則を用意しています）。同町の「平群町議会議員の行政視察等に関する規則」では、第2条に視察の目的として「先進自治体等における行政事例の調査、研究、情報交換その他必要な調査を行い住民の奉仕者としての自覚と見識を高めるとともに、町政の発展に寄与する」（要約）と記されています。また、同規則第3条では視察を「先進地視察」と「現地調査」に分けており、具体的な取り組みが示されています。

視察の注意点

　視察の実施は、議会活動に多くの良い効果をもたらします。しかし、視察を進める際には注意すべき点も存在します。

　第1に、「先進事例は必ずしも成功事例ではない」ということです。議員に視察先を選んだ理由を尋ねると、「先進事例だから」という答えが返ってくることがあります。しかし、先進事例とは単に「他に先駆けて実施した事例」にすぎず、必ずしも成功しているとは限りません。視察先を選定する際には、その事例が本当に参考にすべき内容なのかを客観的に見極める必要があります。

第2に、「視察は結果だけでなく過程を確認する」ということも重要です。成功事例の結果に注目しがちですが、その成功に至る過程にこそ重要な学びがあります。たとえば、徳島県の上勝町の「葉っぱビジネス」や神山町のICT企業集積といった成功事例では、それぞれの地域特性や時代背景が合致して成功に至ったと考えられます。そのため、成功事例を単に模倣するのではなく、成功に至る過程を把握し、それを自分たちの地域に応用することが求められます。

　さらに、視察を実施した際には、その成果を必ず議会活動に反映させる仕組みが必要です。視察後の報告書を作成し、それを議会で共有するだけでなく、住民に対してもわかりやすく説明する取り組みが求められます。報告書の内容は単なる事実の羅列に終わらず、視察の目的や成果、得られた教訓を明確に示すべきです。

　最後に、視察による「耳学問」や「目学問」の効用は非常に大きいです。耳学問とは、人から聞いて得た知識を指しますが、この方法は誰でも実践でき、得られる効果も大きいです。筆者自身も耳学問から多くの情報や知見を得て、それらを組み合わせて政策づくりを進めています。

　議会活動をより充実させるために、積極的に視察を行い、当事者へのヒアリング調査を通じて耳学問や目学問の機会を増やすことが重要です。視察を通じて得た知識や経験は、議会活動の向上に大いに寄与するでしょう。また、議会視察を単なる形式的な活動とせず、実質的な議会改革や住民福祉の向上につなげることが求められます。視察を活かした議会運営を目指し、さらなる議会の発展につなげていただきたいと考えます。

Ⅹ　議員のなり手不足をどうするか？

　議員のなり手不足が社会的な話題となり、議会の将来を考える上で重要な課題として浮上しています。本項では、議員のなり手不足の現状を概観し、解決に向けた取り組みについて考察します。

Ⅹ　議員のなり手不足をどうするか？

議員のなり手不足の現状

　議員のなり手不足を把握する指標として、無投票率が広く利用されています。総務省の「地方選挙結果調査」によれば、都道府県議会議員選挙と町村議会議員選挙における無投票率が特に高い状況が続いています（図表２－11）。一方、政令指定都市議会議員選挙と市議会議員選挙では、趨勢として無投票率が拡大しているものの、比較的低水準にとどまっています。

　無投票率が高い都道府県と町村の議会議員選挙の数字をみてみると、2023年の統一地方選挙では、都道府県議会議員選挙の無投票率は25.0％、町村議会議員選挙では30.3％でした。このような状況から、無投票率の上昇が続いていることが分かります。

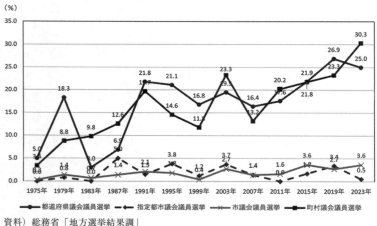

図表２－11　統一地方選挙における無投票率の推移

資料）総務省「地方選挙結果調」

　無投票率が高い背景として、都道府県議会議員選挙では「勝てる見込みがない」ために出馬を控える傾向が挙げられます。これは、現職議員の地盤や知名度が強力であり、新規参入者にとって戦いが厳しい現状を示しています。一方で、町村議会議員選挙では、なり手不足の本質が「なろうとしない」という問題に集約されています。町村議会議員の役割が魅力的でないこと、具体的には収入が安定しない点が大きな要因となっています。

X 議員のなり手不足をどうするか？

なり手不足には「なれない」と「なろうとしない」の二面性があることが理解できます。ここでは、「なろうとしない」なり手不足を考えます。

町村議会議員の待遇問題

全国町村議会議長会の調査によると、町村議会議員の平均報酬は月額約21万円であり、これは大学卒の初任給とほぼ同じ水準です。この金額では、独身者であれば生活できるかもしれませんが、家族を養うのは困難です。また、選挙に落選した場合にはこの収入が一切なくなるため、安定した生活が望めません。一方、市議会議員の平均報酬は約42万円であり、町村議員との差が際立っています。

さらに、町村議員の実態として、365日対応の状況が挙げられます。議会の定例会などは年間60日にも満たないものの、住民からの苦情や陳情対応、冠婚葬祭への出席といった活動が日常的に求められるため、気が休まることがほとんどありません。このような待遇の悪さが、議員のなり手不足を招いているのです。

町村議員の取引条件（労働条件）を改善するためには、報酬の見直しや業務負担の軽減が求められます。報酬の増額だけでなく、職務の専門性を高めるための研修や支援制度の整備が有効です。あるいは、議会事務局職員を増加させたりして、議員がより効率的に業務を遂行できる環境を整えることが考えられます（近隣に小規模自治体が多い場合は、議会事務局を共同設置することも一案です）。

また、町村議員が地域で果たす役割を住民に再認識してもらうことも重要です。住民が議員の活動内容や成果を理解することで、議員職の価値を高めることができます。議員の活動報告会や地域行事への積極的な参加を通じて、住民との連携を深める試みが求められるでしょう。

X　議員のなり手不足をどうするか？

解決に向けた取組み

　いつから議員のなり手不足が話題となったのでしょうか。過去の新聞記事から探ってみます。図表2－12は全国紙（朝日、産経、毎日、読売）における「議員のなり手不足」に関する記事です。近年、急激に拡大していることが理解できます。2017年に急拡大しているのは、大川村議会が議会をなくして有権者全員で構成する「町村総会」の導入を検討したため、議員のなり手不足が全国的に話題となったからです。2013年と2019年は統一地方選挙があったため、なり手不足が大きく取り上げられました。

図表2－12　主要4紙における1年間に「議員のなり手不足」記事が登場した回数

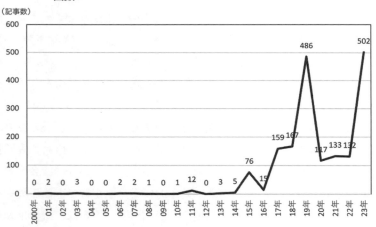

注）全国紙とは、朝日新聞、産経新聞、毎日新聞、読売新聞である。新聞・雑誌記事横断検索を活用した。完全にすべての記事を把握できているわけではない。傾向をつかむという意味がある。

　図表2－12から、議員のなり手不足は2000年から話題として上がっていたことが理解できます。さらに時代をさかのぼると、1993年にはなり手不足の記事があります。1993年4月21日の朝日新聞（大阪地方版）には「関宮町議選は無投票に」という見出しがあります。同記事は議員のなり手不足について言及しています。実は古くから存在している課題だと言えます。

　全国町村議会議長会「町村議会議員の議員報酬等のあり方最終報告」の

X 議員のなり手不足をどうするか？

中に、議員のなり手不足を解決するヒントがあります。同報告の中で「直近の一般選挙で無投票当選となった「無投票議会」と「非無投票議会」の間では議員報酬月額（一般議員）の平均値で21,951円の差があった」と記し、次いで「月額17.6万円未満の場合では、「非無投票議会」の2倍以上の割合で無投票当選が発生している」と言及しています。要は議員報酬が低い町村議会が無投票になっていると指摘しているのです。そうであるならば、議員報酬を上げることを検討してもよいでしょう。

読者から「議員報酬を上げるのは無理だ」との声がありそうですが、それをしなくては解決には向かわないでしょう。

議員のなり手不足解消に向けて、全国各地でさまざまな取り組みが行われています。例えば、行方市議会（茨城県）では2018年9月に議員報酬を月額3万9,000円引き上げ、28万8,000円としました。新富町議会（宮崎県）でも2019年1月に月額7万2,000円増額し、報酬を28万3,000円としています。さらに、真庭市議会（岡山県）では月額報酬を5万円引き上げ、35万円としました。

興味深い事例として、小値賀町議会（長崎県）では2015年3月に50歳以下の議員の報酬を18万円から30万円に引き上げる条例を可決しました。しかし、その後の選挙で該当する立候補者が出なかったため、条例を廃止しています。現在は住民が町政を議論する場を増やし、議会への関心を高めることで、なり手不足の解消を目指しています。

また、五木村議会（熊本県）では成果主義による議員報酬制度を導入していた時期がありました。この制度では、外部委員が議員活動を評価し、その結果を報酬に反映させる仕組みが取られていました。このような成果主義の導入は議員活動の質を高める可能性がありますが、導入に際しては客観的かつ公平な評価基準が求められるでしょう。

大川村議会（高知県）は「大川村議会議員の兼業禁止を明確にする条例」を制定し、議員活動の公正さを損なわない範囲での兼業を認めることで、トータルの収入増を図っています。こうした取り組みは、議員の待遇改善に向けた重要な試みとして注目されています。

X 議員のなり手不足をどうするか？

　また、議員活動の幅を広げるために、デジタル技術の活用も検討すべきです。たとえば、オンライン会議や電子投票の導入により、遠隔地に住む人々や子育て中の世代でも議員活動が行いやすくなる環境を整えることが可能です。これにより、多様なバックグラウンドを持つ人々の立候補を促すことができます。

なり手不足解消の提言

　議員の待遇改善が必要です。例えば、人事院の国家公務員の給与改定に倣い、地方議員の報酬も経済状況に応じて上下する仕組みを導入するのは一案です。内閣府の「景気動向指数」を基準に、景気が拡大していれば報酬を引き上げ、悪化していれば引き下げるといった仕組みを条例化することが考えられます。また、地方議員には退職金制度がないため、これを新たに設けることも検討すべきです。

　さらに、若者や女性を含む多様な人材が議員として活動できる環境を整えることも重要です。育児支援制度や柔軟な勤務時間の導入は、多忙な日常生活を送る人々にとって議員活動を現実的な選択肢とする助けとなるでしょう。また、議員活動の魅力を広報し、地域社会における役割の重要性を啓発する取り組みも効果的です。

　議員のなり手不足解消には、報酬や待遇といった取引条件（労働条件）の改善が不可欠です。議員の仕事に魅力を感じる人材は少なくありませんが、現行の待遇ではその可能性が十分に発揮されません。報酬や待遇の見直しを進めることで、地方議会の活性化と議員のなり手不足の解消が期待されます。また、地域社会全体で議員活動の意義を再認識し、次世代に向けた持続可能な議会運営を模索することが求められるでしょう。さらに、地方自治体が積極的に議員の育成や支援に取り組むことで、議会の持続可能性を確保することが重要です。

XI　地方議会への女性参加を考える

　統一地方選挙の度に、いくつかのトピックスが挙がります。一つは議員のなり手不足です。そして、地方議会の総定数に占める女性議員の割合も挙げられます。このテーマについては既に多様な議論がありますが、本項では地方議会（政治分野）における女性の割合について考えてみます。

地方議会における女性議員の推移

　毎年公表される内閣府の『男女共同参画白書』には、政治分野における女性の割合が記載されています。その中には地方議会における女性議員の割合も含まれています。令和6年版の白書によると、2023年の統一地方選挙では、候補者に占める女性の割合は、特別区議会が32.0％と最も高くなっています。一方で、町村議会が14.7％と最も低い状態です。地方議会全体では19.2％です。

　当選者に占める女性の割合は、特別区議会が36.8％と最も高く、都道府県議会が14.0％と最も低くなっています（図表2-13）。同白書は「女性議員の割合は都市部で高く、地方では低い」（趣旨）を言及しています。

図表2-13　地方議会における女性議員の割合の推移

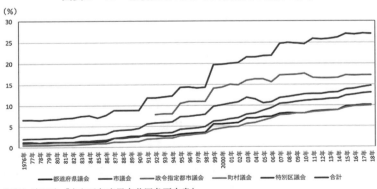

資料）内閣府『令和元年度男女共同参画白書』

XI　地方議会への女性参加を考える

　他の事例も同様の傾向を示しているのか、参考までに筆者が調査した結果について触れます。地方圏では、都市圏に比べて女性の割合が高い分野として、地方公務員の管理職、民間企業の管理職、有業率などがあります。一方で、大学進学率については地方の女性が低く、都市圏の女性が高い傾向があります。ただし、地方議会における女性議員の割合の低さは「ややいびつ」と言えるかもしれません。

　図表２－14が示すように、地方議会における女性の割合は増加傾向にありますが、全体としてはまだ２割に達していません。国は指導的地位に女性が占める割合を2020年までに30％程度にする目標を掲げていました（2003年６月男女共同参画推進本部決定）。しかし、この目標値と比較すると、地方議会における女性の割合は依然として低い状況です。

法律と条例に見る政治分野の女性参画

　国は「政治分野における男女共同参画の推進に関する法律」を2018年に制定しました。この法律は、政治分野における男女共同参画を効果的かつ積極的に推進し、男女が共同して参画する民主政治の発展に寄与することを目的としています（第１条）。

　この法律の施行後、2023年の統一地方選挙では、41道府県議会選挙に立候補した女性候補者が489人で過去最多となり、過去最高を記録しました。

　地方自治体においては、国のように政治分野に限定した女性参画を高める法的根拠はありません。しかし、多くの自治体が「男女共同参画条例」（男女共同参画に関する条例）を制定し、政治を含むあらゆる分野での女性参画率を高める努力を行っています。内閣府の調査によると、この条例は691市区町村で制定されています（2023年４月１日時点）。ほとんどの条例には「男女が均等に政治的、経済的、社会的および文化的利益を受けることができる」とする条文が盛り込まれています。

　これらの条例に基づき、政治分野における女性の割合を高めるための取り組みが進められてきたと推察されます。しかし、現時点では結果の平等

XI 地方議会への女性参加を考える

図表２－14 統一地方選挙における候補者及び当選者に占める女性の割合の推移

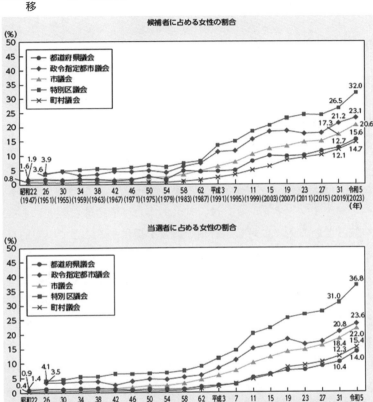

(備考) 1. 平成31（2019）年までは総務省「地方選挙結果調」、令和5（2023）年は総務省「統一地方選挙結果の概要（速報）」（令和5（2023）年4月25日現在）より作成。
2. 昭和22（1947）年の「市議会」には、五大市議及び東京都特別区議の女性当選人数を含む。

※ 第5次男女共同参画基本計画において、統一地方選挙の候補者に占める女性の割合を2025年までに35％とする目標を設定しているが、これは、政府が政党等への要請、「見える化」の推進、実態の調査や好事例の横展開及び環境の整備等に取り組むとともに、政党を始め、国会、地方公共団体、地方六団体等の様々な関係主体と連携することにより、全体として達成することが期待される目標数値であり、各団体の自律的行動を制約するものではなく、また各団体が自ら達成を目指す目標ではない。

XI 地方議会への女性参加を考える

が実現されていないことから、機会の平等も十分に担保されていない可能性があります。このため、機会の平等をどのように改善していくかが重要な課題となっています。

女性の割合を高めるために

地方議会における女性の割合を高める方法について、さまざまな議論があります。その中からいくつかを紹介します。例えば、「クオータ制」の導入が挙げられます。クオータ制は、政治分野における男女間の格差を是正するために、選挙の候補者に一定数または一定割合を女性に割り当てる仕組みです。

また、「ポジティブ・アクション」を普及させるべきだという意見もあります。ポジティブ・アクションは、社会的または構造的な差別によって不利益を被っている人々に対し、特別な機会を提供することで実質的な機会均等を実現しようとする暫定的な措置です。

さらに、女性の立候補者を増やすためには、地方議会を女性にとって魅力的な「職場」とする必要があります。たとえば、女性限定の手当を暫定的に設けることがあります（あくまでも「暫定的」にです）。民間企業では、美容健康手当やネイル手当、おしゃれ手当を用意し、女性社員を増やしている事例があります。産前・産後休暇や育児休暇を会議規則で明記することも考えられます。また、授乳室の設置など、女性議員にやさしいハード面の整備も重要です。

特に求められるのは、議会の現場における意識改革です。女性の意見が尊重され、積極的に取り入れられる環境を作ることで、立候補者が増える可能性が高まります。また、若年層への政治教育を強化し、次世代の女性議員を育成するためのプログラムも必要です。

議会活動における柔軟な働き方の導入も検討すべきでしょう。たとえば、オンライン会議や分散型の会議形式を導入することで、子育て中の女性議員や家庭を持つ候補者にも議会活動を続けやすくする環境を整えられます。

このような取り組みは、結果的に幅広い人材の参加を促進することにつながるでしょう。

　地方議会での成功事例を積極的に共有することも有益です。他の自治体で効果を上げている施策を参考にすることで、新たなアイデアや手法が生まれる可能性があります。また、女性議員同士のネットワーク構築も大切です。交流の場を設けることで、経験や課題を共有し、解決策を見つける手助けとなるでしょう。

　議論は続くと思われますが、女性の活躍をさらに推進するための工夫を積み重ねていくことが求められます。女性議員限定ではありませんが、小値賀町議会は50歳以下の議員の報酬月額を18万円から30万円に引き上げる条例を可決しました（2015年制定、現在はありません）。

　さらに言えば、女性に特化した条例を制定することも一案です。湯沢市（秋田県）には「湯沢市若者や女性が輝くまちづくり推進条例」があります。同条例は、若者や女性の活躍推進についての基本理念を定め、若者や女性の活躍を総合的に推進し、地域の活力創出に寄与することを目的としています（第1条）。湯沢市条例は、広く若者や女性を捉えていますが、「地方議会」や「女性」に特化した条例を用意することも検討してもいいかもしれません。

あとがき

　図書を手に取り、「はしがき」と「あとがき」から読む人が一定数います（私もそうです）。そのような読者を想定して、本書の特長を記します。

　本書が取り扱うのは「議会・議員」です。第1部と第2部から成り、第1部は、長年地方議員を務められ、議長経験者である上島義盛さんが自らの体験を踏まえて実践的に記しています。第2部は、私牧瀬が担当しました。大学に所属する立場から、議会や議員の方向性を示しています。なお、第2部は『日経グローカル』（日本経済新聞社）に連載した「地方議会のミライ」から一部を抽出しました（日経グローカルさんありがとうございました）。

　本書は新人議員や、職業として地方議員を目指す人には有益と考えます。私は定年後の一つの身の施し方として町村議会の議員を考えています（飲み会で言っていますが、信じてもらえません）。上島さんが担当された第1部を読んで、私は大いに参考になりました。
　同時に、既に議会改革等に取り組んでいる議員の皆さんにも役立つはずです。手前味噌で恐縮ですが、特に第2部は議会改革の論点を記しています。

　議会改革の論点は、多岐にわたっています。その一つに「議会改革をやめたらいい」という論点もあると思います。近年は、議会改革をすることが目的化している傾向がありますし、もうずーっと議会改革してきました……などの理由から、私は議会改革も一度立ち止まってもよいと考えています。詳細は、本書第2部をご確認ください。

上島さんと私の関係を記しておきます。上島さんは社会構想大学院大学に入学し「議会コミュニケーションに焦点を当てた議会改革のあり方に関する考察」というテーマで研究成果報告書（修士論文相当）をまとめました。私は上島さんの指導教員でした。上島さんには言っていませんが、とてもよい研究成果報告書になったと考えます。

　やや話はそれますが、社会構想大学院大学も、私が所属する関東学院大学大学院法学研究科地域創生専攻も、通学せず、オンラインだけで大学院の修了は可能です。関東学院大学大学院は博士号の取得も可能です。リカレント教育の重要性が指摘されていますから、読者の中に、ご関心がある人がいれば、大学院で学ぶことをお勧めします。私はウエルカムです。

　私は「政策がすべて」とは言いませんが、実際の議会には政策力が弱い地方議員が一定数います。議員一人ひとりの政策力が議会全体を強くしていきます。そのことが二元代表制の真の意義につながります（改革首長はいても、改革議長は聞きません）。

　ところが、政策に関心がない、無頓着の議員がいます。その議員も選ばれているため、民意とは思いますが、納得できない私がいます。本書は、議員の政策力向上にも大きく貢献すると考えます。

　最後になりますが、本書が議会の発展、その先にある住民の福祉の増進に、少しでも寄与できれば幸いです。

2025年3月

　　　　　　　　　　　　　　　　　　　　　　　　牧瀬　稔

著者紹介

上島義盛(かみしまよしもり)

青山学院大学卒業。議員秘書、八王子市議会議員を経て世田谷区議会議員を6期務める。会派では幹事長、政党では総支部幹事長、議会では議長を歴任。現職中に社会情報大学院(現、社会構想大学院)にて共著の牧瀬稔先生に師事し情報学修士課程を修了。7期目の選挙で惜敗。現在は省エネ型の経費削減計画を提案する会社を経営。政治では議員活動のアドバイザーとして活動を継続中。

牧瀬稔(まきせみのる)

法政大学大学院博士課程修了。民間シンクタンク、横須賀市役所、(一財)地域開発研究所を経て、現在、関東学院大学法学部地域創生学科教授。同時に社会構想大学院大学特任教授も兼ねる。これまで、市区町村の政策づくりのアドバイザーを多数。2024年度の実績は、北上市、日光市、東大和市、新宿区、焼津市、西条市等。議員提案政策条例や議会改革のアドバイザーも担当しており、2024年度は太子町議会(兵庫県)に関わった。

ホームページ　https://makise.biz/

地方議会のホントとホンネ

令和7年3月31日　初版発行

著　者　上　島　義　盛
　　　　牧　瀬　　　稔
発行者　星　沢　卓　也
発行所　東京法令出版株式会社

112-0002	東京都文京区小石川5丁目17番3号	03(5803)3304
534-0024	大阪市都島区東野田町1丁目17番12号	06(6355)5226
062-0902	札幌市豊平区豊平2条5丁目1番27号	011(822)8811
980-0012	仙台市青葉区錦町1丁目1番10号	022(216)5871
460-0003	名古屋市中区錦1丁目6番34号	052(218)5552
730-0005	広島市中区西白島町11番9号	082(212)0888
810-0011	福岡市中央区高砂2丁目13番22号	092(533)1588
380-8688	長野市南千歳町1005番地	
	〔営業〕TEL 026(224)5411　FAX	026(224)5419
	〔編集〕TEL 026(224)5412　FAX	026(224)5439
	https://www.tokyo-horei.co.jp/	

Ⓒ Printed in Japan, 2025

本書の全部又は一部の複写,複製及び磁気又は光記録媒体への入力等は,著作権法上での例外を除き禁じられています。これらの許諾については,当社までご照会ください。

落丁本・乱丁本はお取替えいたします。

ISBN978-4-8090-4081-8